Stubai – Wipptal

Rainer Hesse

Walter Klier

Stubai – Wipptal

mit Gschnitz, Obernberg, Navis, Schmirn und Vals

50 ausgewählte Tageswanderungen

Mit 65 Farbfotos,
50 Wanderkärtchen im Maßstab 1:50.000 und 1:75.000 und
2 Übersichtskarten im Maßstab 1:250.000 und 1:600.000

BERGVERLAG ROTHER GMBH · MÜNCHEN

Touristische Hinweise

Zum Gebrauch des Führers

Zu jedem im Inhaltsverzeichnis aufgeführten Tourenvorschlag erhält der Leser alle Informationen, die für die Durchführung der Tour wichtig sind: Talort und Ausgangspunkt, Teilabschnitte der Wanderungen mit Gehzeiten, Angaben zu Anforderungen und zu Einkehrmöglichkeiten; der Höhenunterschied der Wanderung wird ebenso genannt wie Besonderheiten und Sehenswertes. Eine genaue Charakteristik und Beschreibung des Wegs, ergänzt durch eine Karte mit eingezeichnetem Routenverlauf, macht jedes weitere Karten- und Informationsmaterial im Prinzip überflüssig. Um ein Angebot für Schlechtwettertage zu bieten, präsentiert der Führer die Talorte mit ihrer Infrastruktur sowie Ausflugsziele und Naturschönheiten gesondert. Das Stichwortverzeichnis am Ende beinhaltet alle wichtigen geografischen Punkte der vorgestellten Wanderungen. Auf dem Umschlag und den Seiten 18/19 zeigen zwei Übersichtskarten die Lage der 50 Wandervorschläge.

Anforderungen

Die meisten Wanderungen verlaufen auf gut in Stand gehaltenen und markierten Steigen und Wegen. Dies sollte jedoch nicht darüber hinwegtäuschen, dass manche Stellen Trittsicherheit und Schwindelfreiheit erfordern. Es ist zu beachten, dass die Touren im Frühsommer und nach längeren Schlechtwetterperioden erhöhte Schwierigkeiten aufweisen können.
Einige unserer Touren sind als Maximal-Vorschläge gedacht, die der weniger ambitionierte Wanderer auch an einem früheren Punkt abbrechen kann. Man sollte sich nicht im Vorhinein davon abschrecken lassen, dass sich unter den Vorschlägen eine größere Menge von Tagestouren befindet, die bereits gute Kondition erfordern. Damit die jeweiligen Anforderungen besser einzuschätzen sind, wurden die Nummern der Tourenvorschläge mit verschiedenen Farben markiert. Hierbei sagt die Farb-Kennzeichnung der Wanderungen (blau – rot – schwarz) aber nichts über die Länge der Tour aus, sondern nur über die »technische« Schwierigkeit! Die Farben erklären sich wie folgt:

BLAU Der Weg ist gut und lückenlos markiert, ausreichend breit und meist nur mäßig steil, daher auch bei Schlechtwetter relativ gefahrlos zu begehen. Diese Wege können auch von Kindern und älteren Leuten unter normalen Bedingungen ohne große Gefahr bewältigt werden.

ROT Diese Steige sind ausreichend markiert, aber überwiegend schmal und über kurze Abschnitte bereits etwas ausgesetzt. Einzelstellen können mit Drahtseilen gesichert sein; daher sollten nur trittsichere, mit entsprechender Ausrüstung ausgestattete Bergwanderer solche Touren begehen.

SCHWARZ Die Routen sind ausreichend markiert, nutzen aber schmale und über weite Abschnitte steil angelegte Wege. Sie können sich bereits in hochalpinen Lagen über 2500 m bewegen. Stellenweise können sie sehr ausgesetzt sein, manchmal muss man die Hände zu Hilfe nehmen. Das heißt, dass derartige Steige nur von absolut trittsicheren, konditionsstarken, alpin erfahrenen und entsprechend ausgerüsteten Wanderern begangen werden sollten.

Gefahren
Obwohl die meisten Touren gebahnten und bezeichneten Wegen oder Steigen folgen, ist zu beachten, dass sie z. T. in hochalpines Gelände führen, in dem ein plötzlicher Wettersturz fatale Folgen haben kann. Einzelne Wanderungen queren zudem Firnfelder und Moränen: Das setzt Trittsicherheit, richtige Ausrüstung und ein Grundmaß an alpiner Erfahrung voraus. Nur sie hilft, mögliche Gefahrenmomente zu erkennen.
Beim Gehen an abrutschgefährdeten Stellen und Queren steiler Hänge sowie in steinschlaggefährdetem Gelände ist erhöhte Vorsicht am Platz. Höchste Gefahr in hochalpiner Umgebung tritt ein, wenn sich plötzlich das Wetter verschlechtert. Es ist deshalb ratsam, sich vor jeder Tour in größere Höhen über die Wetterlage zu informieren.

Ausrüstung
Festes Schuhwerk mit Profilsohle, eine der Witterung angepasste, bequeme Kleidung, Rucksack mit Pullover, Mütze, Anorak, Regen- und Sonnenschutz, Proviant und reichlich Flüssigkeit (kein Alkohol!) sowie Verbandszeug werden zur Mitnahme empfohlen.

Gehzeiten
Die angegebenen Gehzeiten (pro Etappe) sind für den durchschnittlichen Wanderer berechnet, beinhalten aber nicht die erforderlichen Pausen.

Karten
Neben den integrierten Wanderkärtchen wird der Bergwanderer Gewinn daraus ziehen, zusätzlich eine Wanderkarte von Freytag & Berndt im Maßstab 1:50.000 zur größeren Orientierung mitzuführen.

Einkehrmöglichkeiten
Hütten, Almwirtschaften und Berggasthöfe sind in der Regel in der touristischen Sommersaison (Anfang Juni bis Ende September) bewirtschaftet, manche auch im Frühjahr und im Herbst an Wochenenden. Ist man früher oder später im Jahr unterwegs, empfiehlt es sich, sich vorher im Tal über die Bewirtschaftungszeiten zu erkundigen.

Navis, Taleingang mit Blick auf St. Katharina und St. Ulrich.

Täler – Orte – Ausflugsziele

Wipptal

Natters, 783 m, **Mutters**, 830 m, schön gelegene Dörfer auf dem Mittelgebirge südl. von Innsbruck, Stationen der Stubaitalbahn ebenso wie die weiter südl. gelegenen Weiler **Raitis** und **Kreith**, 991 m.

Kleiner (Niederer) Burgstall, 894 m, Tirols niedrigster Berg, ½ Std. von der Autobahnraststätte Europabrücke; dort Reste der alten Römerstraße, die beim Autobahnbau in der Nähe des Brennerpasses gefunden wurden. Die **Brennerautobahn** (mit 10 Tal- und 25 Hangbrücken sowie 29 Straßen-, Weg- und Bachunterführungen) war in den 1960er-Jahren die erste alpenüberquerende Autobahn. Das eindrucksvollste Teilstück ist die 815 m lange **Europabrücke**, die mit 192 m auf den höchsten Brückenpfeiler Europas verweisen kann. Am westl. Ende der Brücke befindet sich auf einem Felsen erhöht nahe einem urzeitlichen Kultplatz die Europakapelle von Hubert Prachensky aus dem Jahr 1963, mit Fresken von Karl Plattner. Man folgt der alten Römerstraße 10 Min. steil bergab Richtung Stefansbrücke, bei einem Wegkreuz (nach dem Ausgleichsbecken) zweigt ein undeutlicher Steig nach rechts ab. Diesem folgt man (zum Teil abschüssig und etwas ausgesetzt) über den sehr schmalen Grat bis zum höchsten Punkt, einer idyllischen Wiesenfläche steil über dem Zusammenfluss von Sill und Ruetz, südl. gegenüber die Europabrücke. »Burgstall« heißen überall im süddeutschen Raum auffällige Geländepunkte, die, manchmal auch befestigt, für die Verwaltung und die Grenzziehung von Bedeutung waren.

Beim **Ghs. Stefansbrücke**, am Beginn der alten Brennerstraße, erinnert ein kleines Denkmal, das so genannte »Papstl« an Papst Pius VI., der 1782, auf der Rückreise von Wien nach Rom über den steilen Schönberg zog. Wegen der schmutzigen Straße gestattete der Heilige Vater den herbeieilenden Wipptalern den Ringkuss anstatt des vorgeschriebenen Fußkusses. Die **Stefansbrücke** selbst, bis heute in Gebrauch und die größte Steinbrücke Österreichs geblieben, war zur Zeit ihrer Erbauung (1845) keine geringere technische Sensation als die Europabrücke über hundert Jahre später. Sie überspannt den Ruetzgraben in einem einzigen, 43 m langen und 36 m hohen Quaderbogen.

Patsch, 998 m, am Eingang des Wipptals auf der östl. Talterrasse, spätgotische, innen barockisierte Pfarrkirche zum Hl. Donatus.

Ellbögen, 1070 m, ausgedehnte Gemeinde an den östl. Talhängen des vorderen Wipptals, Ortsteil **St. Peter**, 1070 m; malerisch gelegene Kirche.

Matrei am Brenner, 992 m, Marktgemeinde an der alten Brennerstraße, die bereits in römischer Zeit über den Brenner nach Innsbruck führte (»Locus Matereia«); die alte Salzstraße zweigte von hier ab und leitete am östl. Talhang über Ellbögen nach Hall. Zahlreiche Ghs. an der malerischen Hauptstraße, Bürger- und Bauernhäuser aus der Zeit um 1500. Alter Lanthalerhof,

Matreiwald 15, an der Bundesstraße, Keramik, Weberei, Bilder, Schmuck von Künstlern und Handwerkern aus der Gegend, täglich ab 10 Uhr.

Pfons, 1043 m, **Mühlbachl**, 995 m, an Matrei angrenzende Gemeinden, in Pfons im Friedhof der barockisierten Pfarrkirche Mariä Himmelfahrt die Kapelle St. Johannes, der einzige völlig unversehrt erhalten gebliebene Sakralbau aus maximilianeischer Zeit (spätes 15. Jh.).

Maria Waldrast, 1641 m, Alpenghs. im Gebäude des alten, von den Serviten betreuten Wallfahrtsklosters; von Matrei über Mützens auf Mautstraße. Von der Bergstation des Serleslifts auf ebenem Waldweg in einer ½ Std. Oder auf alten Pilgerwegen (Kreuzwege) von Medraz, Fulpmes, Matrei oder Trins. Vgl. auch Tour 23.

Pfoner Ochsenalm, 2163 m, Frontalalm, Almwirtschaften hoch über Pfons über der Waldgrenze, 3 Std. auf Forst- bzw. Waldwegen von Obpfons oder Schöfens.

Steinach am Brenner, 1074 m, der zweite größere Ort im Wipptal auf Nordtiroler Seite, Marktgemeinde mit altem Ghs. an der Durchzugsstraße, ähnlich wie Matrei. Neoromanische Kirche zum Hl. Erasmus, barocke Altarblätter von Martin Knoller. Gemäldeausstellung im Alfons-Graber-Museum, Brennerstr. 28, Di./Do. 16–18 Uhr.

Mauern, 1137 m, uralte Ansiedlung, Dörfchen östl. auf Wiesenterrasse über Steinach, romanisches Kirchlein St. Ursula, innen barockisiert, Grabkreuze der Tuxer, die wegen der Zugehörigkeit zu dieser Pfarre einst hier bestattet wurden. Das Tuxer Tal wurde vom Wipptal aus besiedelt.

Padastertal, stilles Waldtal, das südl. von Steinach bei Siegreid mündet, Wanderung zur vorderen und Hinteren Padasteralm, 1698 und 1817 m, sowie zum Hochgeneiner Jöchl (vgl. Tour 43).

Nösslach, 1352 m, weit verstreute Ortschaft auf der Wiesenterrasse westl. über dem Wipptal, zwischen Steinach und Gries am Brenner, auf teils schmalen Fahrstraßen von Steinach bzw. Gries über Vinaders (am Beginn des Obernbergtals), oder Autobahnausfahrt Nösslach.

St. Jakob, 1304 m, romanisches Kirchlein oberhalb von Gries am Brenner, auf weithin sichtbarem Hügel über der Autobahn. Spätgotischer Flügelaltar, Ludwig Konraiter zugeschrieben (Schlüssel bei Fam. Kirchmair, 0 52 74/ 8 76 58). Von der Ausfahrt Nösslach 3 km auf der Straße nach Obernberg.

Gries am Brenner, 1185 m, der letzte größere Ort nördl. des Brenners, im Talgrund, hier mündet von Westen das Obernbergtal ein. Die frisch renovierte Kapelle zu den **Hll. Christoph und Sigmund am Lueg** südl. von Gries gehört zu den bedeutenden Sakralbauten im Wipptal. Die Kaplanei entstand vermutlich auf einem vorchristlichen Kultplatz in der ersten Hälfte des 15. Jh. in Zusammenhang mit der Zollstätte am Lueg.

Venntal, vom Brennersee nach Osten abzweigendes Hochtal, mit den Höfen von **Venn**, 1457 m, Zugang zur Landshuter Hütte (Europahütte), auf 2713 m am Hauptkamm gelegen (vgl. WF Sterzing und Umgebung).

Telfes und die Kalkkögel.

Stubaital

Schönberg im Stubaital, 1013 m, im Taleingang an der Autobahn, Pfarrkirche zum Heiligen Kreuz, als letztes Gotteshaus des Stubaitals 1748/49 nach Plänen von Franz de Paula Penz im Rokokostil errichtet.

Mieders, 952 m, beschauliches Feriendorf am Eingang des Stubaitals. Innen barockisierte Kirche zu Mariä Geburt mit 53 m hohem gotischem Spitzturm. Sehenswert in der im 14. Jh. entstandenen Friedhofskapelle ein ca. 2 m hoher Kruzifixus (um 1510). Das hölzerne **Miederer Schwimmbadl** von 1927 wurde 1999/2000 in alter Gestalt wiederhergestellt. Am Südrand des Orts, auf dem **Kalvarienberg** (Tafelbühel) steht an der Stelle einer mittelalterlichen Burganlage das Kalvarienkirchlein, das in der heutigen Gestalt aus dem Jahr 1843 stammt. Sieben Kreuzwegstationen (1724 urkundlich erwähnt) führen zum Kirchlein hinauf.

Koppeneck, 1625 m, und **Ochsenhütte**, 1600 m, Ghs. an und nahe der Bergstation des Serleslifts von Mieders; die Talstation befindet sich am südwestl. Ortsausgang an der alten Straße (vgl. Tour 23).

Telfes im Stubai, 994 m, die älteste Pfarre des Stubaitals, barocke Pfarrkirche St. Pankratius, 1754 erbaut von Franz de Paula Penz, Deckenfresken von Anton Zoller. Ein von Vogelkundlern betreuter Greifvogelpark.

Fulpmes, 937 m, Hauptort des vorderen Stubaitals, Endstation der Stubaitalbahn von Innsbruck, aus altem Bergbau entstandene Schmiedeindustrie, die heute in moderner Form weiterbesteht. Das im Riedlhaus untergebrachte **Fulpmer Schmiede-Museum**, Fachschulgasse 4, Juni bis Sept., Mi. 14–17 Uhr, zeichnet die Entwicklung der Stubaier Schmiedekunst nach. Pfarrkirche St. Veit, wie das gegenüberliegende Widum nach Plänen von Franz de Paula Penz 1746/47 errichtet, mit Rokoko-Stukkaturen von Anton Gigl und Fresken von Johann Georg Bergmüller.

Froneben, 1338 m, Ghs. über Fulpmes, wenige Minuten unterhalb der gleichnamigen Mittelstation der Bergbahnen in die Schlick; Talstation über dem Dorf am Waldrand. Auf dem **Kreuzjoch** im Wander- und Kletterzentrum Schlick 2000 wurde im Juli 1998 der **Alpenpflanzenlehrpfad** errichtet. Auf einer Fläche von ca. 1,5 ha, einer Länge von 1,5 km und in einer Höhe von 2136–2170 m kann man ca. 60 verschiedene hochalpine Pflanzenarten kennen lernen. Kurz talein im Ortsteil **Medraz**, 922 m, steht die Filialkirche zur Hl. Margareth, erbaut 1746/47 (gleichzeitig mit der Fulpmer Pfarrkirche), vermutlich ebenfalls unter der Leitung von Franz de Paula Penz. Wanderung zum **Ghs. Wildeben**, 1781 m, unterhalb der Serles, 2½ Std.

Neustift im Stubaital, 993 m, der Hauptort des hinteren Stubaitals, mit der Pfarrkirche zum Hl. Georg, wiederum nach Plänen von Franz de Paula Penz erbaut; die größte Hallenkirche Tirols, Fresken von Joseph Haller und Joseph Anton Zoller; schöner Friedhof mit schmiedeeisernen Grabkreuzen

Blick ins Hochstubai, Gegend von Neustift.

Die Pfarrkirche von Mieders.

und dem Grab des Gletscherpfarrers Franz Senn, einem der Begründer des Alpenvereins. Touristisches Zentrum mit zahlreichen Hotels, Ghs., Pensionen, Freizeitzentrum, Lifte am Elfer; Stubaier Gletscherbahn. Heimatmuseum Försterhaus, im Sommer Di. und Fr. 14–17 Uhr. Privates Eispickelmuseum, Besuch gegen Voranmeldung (Friedl Wallner, Elferweg 12, Kampl, Tel. 0 52 26/24 26).

Milders, 1026 m, an der Mündung des Oberberg- ins Stubaital, zahlreiche Ghs. und Pensionen.

Bärenbad, 1248 m, Alpenghf. Alt- und Neubärenbad im mittleren Obenbergtal, Fahrstraße von Milders. Zur Jausenstation **Brandstattalm**, 1810 m, 2 Std.

Seduck (Seduk), 1400 m, Weiler im Oberbergtal, oberhalb der Straße am Sonnenhang, Ghs. Alpenfrieden.

Stöcklenalm, 1598 m, **Oberißalm**, 1742 m, Almsiedlungen mit Gastwirtschaften im hintersten Oberbergtal. Fahrstraße bis Oberiß, Parkplatz (gebührenpflichtig).

Kröߟbach, 1101 m, kleine Ortschaft 5 km talein von Neustift, kurz talein die Weiler **Gasteig** und **Volderau**, 1129 m, Gastbetriebe und Pensionen.

Mischbachwasserfall, südl. über Volderau, auf Steig in 20 Min.

Falbeson (Falwesun), 1212 m, ehemalige Almsiedlung im innersten Stubaital, Ghs. Zur **Falbesoner Nockalm**, Jausenstation, 1613 m; 1 Std.
Ranalt, 1303 m, letzte Siedlung im Stubaital, 10 km von Neustift, Autobusverbindung, Ghs. Zur **Oberhausalm**, Jausenstation, 10 Min. Kurz talein an der Straße die **Schangelairalm**, 1390 m, Gastwirtschaft.
Grawa(Graba)-Wasserfälle, einer der imposantesten Wasserfälle in Tirol, gegenüber der gleichnamigen Alm (Gastwirtschaft) im hinteren Stubaital, an der Talstraße zur Mutterbergalm.

Gschnitztal
Trins, 1283 m, ruhiges Feriendorf am Sonnenhang im vorderen Tal. Schloss Schneeberg.
Gschnitz, 1242 m, das hintere der zwei Dörfer des Gschnitztals, kleine Ortschaft mit schmucker Kirche, Fremdenverkehr, mehrere Ghs. und Pensionen, Schlepplift, Postauto von Steinach. 10 km von Steinach.
Wallfahrtskirche **St. Magdalena auf dem Bergl**, 1661 m, an der Gemeindegrenze zu Trins mit angebauter Einsiedelei, errichtet über einer vorchristlichen Kultstätte. Fresken aus der Zeit um 1200, die u. a. »Adam und Eva unter dem Baum« darstellen, sowie aus dem 15. Jh. (vgl. Tour 30).

Obernbergtal
Obernberg, 1393 m, weit verstreutes Bauerndorf mit schmucker spätbarocker **Pfarrkirche St. Nikolaus**, 1760 nach Plänen von Franz de Paula Penz von Johann Michael Umhauser erbaut, auf einem Hügel etwas außerhalb der Hauptsiedlung, Ghs. und Pensionen, Straße von Gries am Brenner oder Autobahnausfahrt Nösslach. Busverkehr von Steinach.
Obernberger See, 1590 m, in einmaliger Lage, von Wald und Bergen umsäumt, im hintersten Obernbergtal, vom Ghs. Waldesruh (Ende der Talstraße, gebührenpflichtiger Parkplatz) in ½ Std. auf breitem Weg (vgl. Tour 34).

Navistal
Navis, 1340 m, eine das gleichnamige Tal umfassende Gemeinde aus verstreuten Bergbauernhöfen und kleinen Weilern auf der Sonnseite; die Schattseite ist bewaldet und unbesiedelt. Ortszentrum ist Kohlstatt mit Kirche, Widum und Ghs., 9 km von Matrei auf guter Straße. Busverkehr von Matrei. Über dem Eingang ins Navistal stand die 1336 zerstörte Burg **Aufenstein**, in deren Burgkapelle der bedeutendste frühgotische Freskenzyklus Nordtirols, der u. a. den »Triumph des Todes«, die »Sieben Todsünden« und die »Hl. drei Könige« darstellt, erhalten geblieben ist. Zutritt durch die angebaute barockisierte Filialkirche zur Hl. Katharina. Auf der gegenüberliegenden Talseite ragt der gotische Turm der zu Steinach gehörenden Filialkirche zum **Hl. Ulrich** auf (Spaziergang von Mauern, ½ Std.). Navis ist der Geburtsort des Tiroler Priesters und Baumeisters Franz de Paula Penz. Er erbaute auch in Navis die Kirche und das prächtige Widum. Die Kirche

Die Pfarrkirche von Obernberg gegen den Tribulaun.

wurde in den 1960er-Jahren durch einen Hangbruch irreparabel beschädigt und bis auf Turm und Chor abgetragen. Kirchen-Neubau von Clemens Holzmeister.

Schmirntal und Valser Tal

St. Jodok am Brenner, 1129 m, kleiner Ort an der Verzweigung der zwei Täler, Straßenverzweigung hinter dem Ort. Zufahrt von Stafflach an der Brenner-Bundesstraße, 5 km südl. von Steinach.

Schmirn, 1405 m, Ortschaft im gleichnamigen Tal, aus vielen Weilern und Einzelhöfen bestehend. Busverbindung von Steinach. Pfarrkirche zum Hl. Josef nach Plänen von Franz de Paula Penz im Stil des Rokoko 1756/57 erbaut. Deckengemälde von Anton Zoller und dessen Sohn Josef Anton. Am Eingang des Wildlahnertals der Weiler **Toldern**, Ghs. Olpererblick.

Kasern, 1620 m, Ausflugsghs. (nur Sommerwirtschaft) im hintersten Schmirntal, am Ende der Autostraße.

Vals, ca. 1280 m, Streusiedlung im gleichnamigen Tal. Am Ende der Straße das Ghs. Touristenrast.

Steckholzer, 1591 m, Ghs. am Padauner Sattel, südl. über dem vorderen Valser Tal gelegen; Zufahrt auf der schmalen Fahrstraße von St. Jodok aus, zu Fuß 1½ Std.

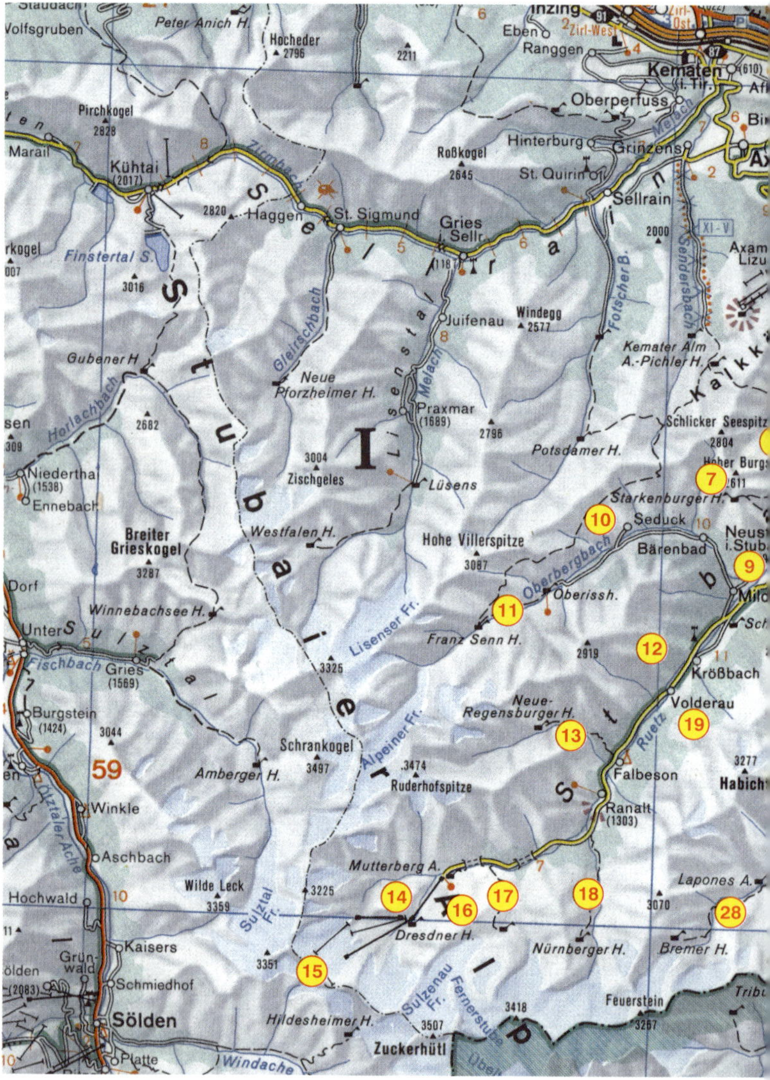
Wolfsgruben
Peter Anich H.
Hocheder
2796
2211
Inzing
Eben
Zirl-West
Zirl-Ost
Ranggen
Kematen i. Tir.
Oberperfuss
Pirchkogel
2828
Marail
Kühtai
(2017)
Zirmbach
Roßkogel
2645
Hinterburg
Grinzens
St. Quirin
Sellrain
Melach
2820
Haggen
St. Sigmund
Gries i. Sellr.
Finstertal S.
Gleirschbach
2000
Senderstbach
Axam
Lizum
3016
Juifenau
Windegg
2577
Fotscher B.
Kemater Alm
A.-Pichler H.
Gubener H.
Neue Pforzheimer H.
Lisenstal
Melach
Horlachbach
Praxmar
(1689)
2682
2796
Schlicker Seespitze
2804
Potsdamer H.
3004
Zischgeles
Niederthai
(1538)
Enneback
Lüsens
Hoher Burgstall
2611
Starkenburger H.
Seduck
Breiter Grieskogel
3287
Westfalen H.
Hohe Villerspitze
3087
Bärenbad
Oberbergbach
Oberissh.
Dorf
Winnebachsee H.
Lisenser Fr.
Franz Senn H.
2919
Unter
Sulztal
Fischbach
Gries
(1569)
3325
Krößbach
Burgstein
(1424)
3044
Neue-Regensburger H.
Volderau
Ruetz
59
Schrankogel
3497
Alpeiner Fr.
3474
Amberger H.
Ruderhofspitze
Falbeson
3277
Habicht
Winkle
Ötztaler Ache
Ranalt
(1303)
Aschbach
Mutterberg A.
Wilde Leck
3359
3225
Lapones A.
Hochwald
Sulztal Fr.
3070
Dresdner H.
Nürnberger H.
Bremer H.
Kaisers
Grünwald
3351
Schmiedhof
Feuerstein
3267
Sulzenau Fr.
Fernerstube
3418
Hildesheimer H.
3507
Sölden
Zuckerhütl
Platte
Windache
Stubaier Alpen
Sellrain
Stubai
Kalkkögel

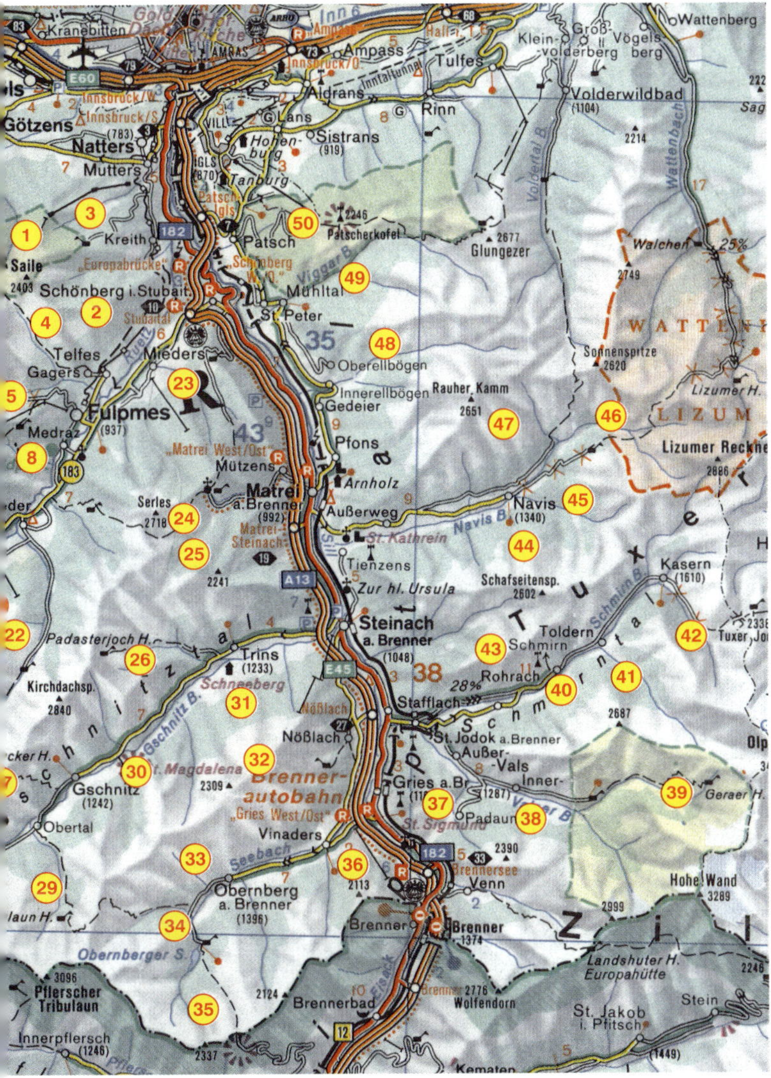
Kranebitten
Innsbruck/W
Innsbruck/S
Innsbruck/O
Ampass
Tulfes
Hall i. T.
Klein-volderberg
Groß-volderberg
Vögelsberg
Wattenberg
Volderwildbad
(1104)
Wattenbach
Aldrans
Inntaltunnel
Rinn
Lans
Sistrans
(919)
Götzens
Natters
(783)
Mutters
Hohenburg
Igls
(870)
Tanburg
Patsch
Patscherkofel
2246
Glungezer
2677
2214
Voldertal B.
Walchen
25%
2749
Kreith
Saile
2403
„Europabrücke"
Schönberg i.Stubai
Stubaital
Schönberg
Viggar B.
Mühltal
St. Peter
Telfes
Gagers
Mieders
Fulpmes
(937)
Medraz
Oberellbögen
Innerellbögen
Gedeier
Rauher Kamm
2651
Sonnenspitze
2620
W A T T E N
Lizumer H.
L I Z U M
Lizumer Reckne
2886
„Matrei West/Ost"
Mützens
Pfons
Arnholz
Matrei a.Brenner
(992)
Matrei-Steinach
Außerweg
Serles
2718
Navis
(1340)
Navis B.
St. Kathrein
Tienzens
2241
Zur hl. Ursula
Schafseitensp.
2602
Kasern
(1610)
Schmirn B.
Steinach a. Brenner
(1048)
Padasterjoch H.
Trins
(1233)
Schneeberg
Toldern
Schmirn
Tuxer Joch
2338
Kirchdachsp.
2840
Gschnitz B.
Nößlach
Rohrach
28%
Stafflach
St. Jodok a.Brenner
Außer-Vals
Inner-
(1287)
2687
Gschnitz
(1242)
St. Magdalena
2309
Brenner-autobahn
„Gries West/Ost"
Gries a.Br.
St. Sigmund
Padaun
Valser B.
Geraer H.
Obertal
Vinaders
Seebach
Brennersee
2390
Venn
Hohe Wand
3289
2113
Obernberg a. Brenner
(1396)
Brenner
1374
2999
Obernberger S.
Landshuter H. Europahütte
Pflerscher Tribulaun
3096
2124
Brennerbad
Eisack
2776 Wolfendorn
Stein
St. Jakob i. Pfitsch
Innerpflersch
(1246)
2337
Kematen
(1449)
2246
Tuxer
Zillertal

1 Saile (Nockspitze), 2403 m

Der nordöstlichste Gipfel der Stubaier Alpen

Mutterer Alm – Pfriemesköpfl – Naturfreundehaus am Birgitzköpfl – Saile – Abstieg über die Pfriemeswand

Talort/Ausgangspunkt: Mutters, 830 m, oder Axams, 874 m, Birgitzköpfl, 2035 m, Sessellift-Bergstation (aus der Axamer Lizum).

Parkmöglichkeit: Mutterer-Alm-Bahn-Talstation bzw. Axamer Lizum (hierher Postauto von Innsbruck bzw. Axams).

Gehzeiten: Mutters – Mutterer Alm 2 Std., zum Birgitzköpfl 1 Std., auf die Saile 1¼ Std., Abstieg nach Mutters 3 Std. Gesamtzeit 7¼ Std.

Anforderungen: Gut bez. Bergsteige, leicht, gutes Schuhwerk erforderlich. Der Abstieg über die Pfriemeswand fordert Bergerfahrung.

Höchster Punkt: Saile, 2403 m.

Höhenunterschied: Von Mutters 1200 Hm, vom Birgitzköpfl 400 Hm.

Einkehrmöglichkeiten: Nockhof, Mutterer Alm, Naturfreunde-Haus am Birgitzköpfl.

Sehenswertes: Schöner Rundblick über Karwendel, Wetterstein, Stubaier und Zillertaler Alpen.

Auf dem Saile-Gipfel, Blick gegen Westen (im Hintergrund die Kalkkögel).

Der klassische Anstieg zu diesem Innsbrucker Hausberg von der Mutterer-Alm-Bahn hat sich nach Stilllegung der Bahn um die 2 Std. verlängert, die man von Mutters zu Fuß gehen muss – es sei denn, man wählt die kürzere Variante aus der Axamer Lizum, unter Zuhilfenahme des Birgitzköpfllifts.
Von Mutters auf schönen Wegen durch Wald und Wiesen vorbei am Nockhof zur **Mutterer Alm**, 1608 m. Der mit 111 nummerierte Steig führt von der Alm auf das **Pfriemesköpfl**, den grasigen Kopf kurz südwestl. über der Alm. Weiter nahe unter der schroffen Felsschulter der Pfriemeswand, stets leicht ansteigend, über freie, teils mit Latschen bewachsene Hänge südwestw. zum **Naturfreundehaus auf dem Birgitzköpfl**, 2035 m, das man auch mit dem Sessellift aus der Axamer Lizum erreichen kann. In leichter Steigung unter den Schutt- und Schrofenhängen der Saile und vorbei an imposanten Lawinenverbauungen zur Wegverzweigung, bei der man sich links hält (rechts der Weg zum Halsl, vgl. Tour 4). Über den breiten freien Rücken steigt man zum aussichtsreichen Gipfel der **Saile** hinauf, einer lang gestreckten und teils schroff abfallenden Graskuppe.
Wer absolut trittsicher ist und gutes Schuhwerk sein Eigen nennt, kann vom Gipfel nach Norden auf dem teils schottrigen Steig unmittelbar über die felsige Schulter der **Pfriemeswand** zurück zum Weg Nr. 111 absteigen; andernfalls wandert man lieber auf dem leichteren Aufstiegsweg zurück.

2 Telfer Wiesen

Wanderung durch lichte Lärchenwiesen

Telfes – Kreith – Raitis – Mutters – Natters – Innsbruck

Talort: Telfes, 994 m.
Ausgangspunkt/Parkmöglichkeit: Ortsmitte Telfes oder bei Kapfers am Fahrverbot. Am besten erfolgt der Zugang mit der originellen Stubaitalbahn, die Innsbruck über Wilten mit Fulpmes verbindet. Auch jede andere Station der Stubaitalbahn, mit deren Hilfe man die Wanderung verkürzen und den Rückweg von beliebiger Stelle aus antreten kann.
Gehzeiten: Telfes – Kreith über Stockerhof 2½ Std., nach Mutters 1 Std., bis Innsbruck zusätzl. 1 Std. Gesamtzeit 4½ Std.
Anforderungen: Bequeme Wanderung auf breiten Wegen, leichte Steigungen.
Höchster Punkt: Stockerhof, 1156 m.
Höhenunterschied: Bis Innsbruck im Abstieg ca. 400 Hm, kleine Gegenanstiege.
Einkehrmöglichkeiten: Ghf. Stockerhof, in Mutters und Natters.
Sehenswertes: Die Lärchenwiesen von Telfes sind eine weit gehend noch im ursprünglichen Zustand erhaltene alpine Kulturlandschaft.

Die Wanderung von Telfes das vordere Stubai talaus in Richtung Innsbruck zählt zu den schönsten im unmittelbaren Bereich der Landeshauptstadt. Sie ist besonders für den Herbst empfehlenswert, wenn sich die Lär-

Telfer Wiesen gegen Mieders und Serles.

chen gelb färben. Im Frühsommer präsentieren sich die Wiesen in einer wunderbaren Blütenpracht. Ausdauernde Wanderer können den Hinweg auf dem oberen (rechten) und den Rückweg auf dem unteren (linken) Weg zurücklegen (gesamte Gehzeit dann etwa 6 Std.), für alle anderen bietet sich die Stubaitalbahn für den Rückweg zum jeweils gewählten Ausgangspunkt an.

Von der Ortsmitte **Telfes** (Haltestelle) wandert man zunächst nordw. auf der Fahrstraße ansteigend aus dem Dorf hinaus und hält sich rechts, bis man zum Weiler Kapfers (Ende der Fahrstraße, kleiner Parkplatz) gelangt. Der Weg, der nun in fast gleich bleibender Höhe stets etwas oberhalb der Bahntrasse, zunächst über Wiesen, dann durch lichten Lärchenwald, talaus führt, hat den geringsten Höhenunterschied.

Das kleine Tal des Sagbachs überquerend erreicht man den Weiler **Kreith**. Hierher kann man auch, etwas länger, über den weiter oben am Hang gelegenen Stockerhof wandern.

Von Kreith führt der Weg wiederum parallel oberhalb der Bahntrasse am Hang des Wipptals auswärts zum Weiler **Raitis**, und nach Überwindung des tief eingeschnittenen waldigen Grabens des Mühlbachs gelangt man nach **Mutters**.

Nun kann man entweder weiter über **Natters** in ca. 1 Std. bis nach **Innsbruck** wandern, oder aber man nutzt die Bahn, um von hier nach Telfes zurückzukehren.

3 Raitiser Alm, 1553 m, und Kreither Alm, 1492 m

Schattige Höhenwanderung von Alm zu Alm

Mutters – Mutterer Alm – Raitiser Alm – Kreither Alm – Stockerhof – Kreith

Talort/Ausgangspunkt: Mutters, 830 m.
Parkmöglichkeit: An der Talstation der Seilbahn (Neubau projektiert).
Gehzeiten: Mutters – Mutterer Alm 2 Std., zur Raitiser Alm 1 Std., zur Kreither Alm ½ Std., Abstieg nach Kreith ¾ Std. Gesamtzeit 4¼ Std.
Anforderungen: Gute bez. Wanderwege.
Höchster Punkt: Mutterer Alm, 1608 m.
Höhenunterschied: 800 Hm.
Einkehrmöglichkeiten: Nockhof, Mutterer Alm, Raitiser Alm, Kreither Alm, Stockerhof.
Sehenswertes: Schöne Ausblicke über Innsbrucker Becken und Karwendelgebirge, lauschige Almen.

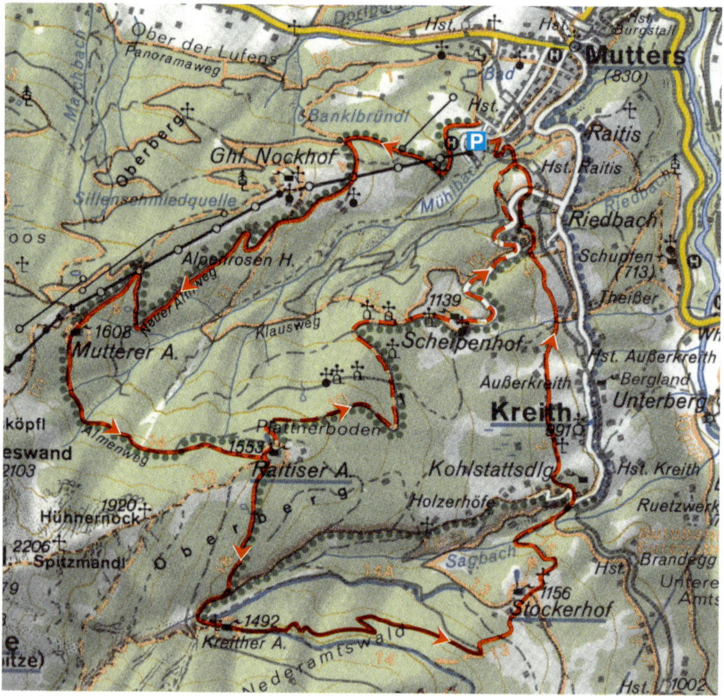

Die Raitiser Alm.

Diese Wanderung verläuft etwas höher, doch in der gleichen Weise wie Tour 2 über dem vordersten Wipptal. Da man über längere Strecken auf schattigen Waldwegen dahingeht, ist sie für heiße Hochsommertage anzuraten. Die freien Höhen zwischendurch bieten schöne Ausblicke auf die Zillertaler und Stubaier Alpen. Die Wege sind gut beschildert und markiert, sodass ein Verirren kaum möglich ist.

Solange der geplante Neubau der Mutterer-Alm-Bahn noch auf sich warten lässt, nehmen wir den Aufstieg vom Parkplatz in **Mutters** an der ehemaligen Talstation durch Wald und über schöne Wiesen, vorbei am Ghf. Nockhof (ehemalige Mittelstation) zur **Mutterer Alm**, 1608 m, wo bereits der höchste Punkt unserer Wanderung erreicht ist. Von der Alm wendet man sich südw. Der erste Teil des Höhenwegs, »Kasersteig« genannt, ist mit Nr. 14 bez. und verläuft eben, zuletzt etwas fallend, meist durch Wald zur **Raitiser Alm**, die am Oberrand einer schönen Almweide liegt. Von hier ist der Abstieg über den Scheipenhof (mit netter Gastwirtschaft) nach Raitis möglich. Sodann führt uns die Bez. 18 weiter etwas fallend in den Kreither Graben zur **Kreither Alm**. Von hier folgen wir dem Weg 14A stets fallend im Sagbachgraben hinunter zum **Stockerhof**, 1156 m, einem Bergbauernhof mit Gastwirtschaft. Wir steigen weiter zum Sagbach ab und jenseits hinauf zum Weiler **Kreith**, 991 m. Zurück nach Mutters geht es mit der Stubaitalbahn.

4 Pfarrachalm, 1736 m, und Halsl, 1992 m

Sonnige Herbstwanderung in die nördlichen Kalkkögel

Telfes – Pfarrachalm – Halsl und zurück

Talort: Telfes, 994 m.
Ausgangspunkt/Parkmöglichkeit: Ortsmitte Telfes.
Gehzeiten: Telfes – Pfarrachalm 2 Std., zum Halsl 1 Std., Abstieg 2 Std. Gesamtzeit 5 Std.
Anforderungen: Gute, markierte Almwege und Steige.
Höchster Punkt: Halsl, 1992 m.
Höhenunterschied: 1000 Hm.
Einkehrmöglichkeit: Pfarrachalm.
Sehenswertes: Schöne Ausblicke auf das vordere Stubaital, zur Serles und in die Kalkkögel.

Weit oben am Südhang der nördlichsten Kalkkögel liegt die Pfarrachalm, ein lohnendes Ausflugsziel für nicht zu heiße Herbsttage. Das höher gelegene Halsl ist ein alter Übergang vom Inn- ins Stubaital, aus der Zeit, als der Fußmarsch noch eine übliche Reisemethode war.

Der Ampferstein westlich über dem Halsl.

Von der Ortsmitte **Telfes** überschreiten wir die Stubaitalbahn und folgen der Fahrstraße hinauf zum Ortsteil Gagers. Der Aufstieg zur Alm folgt entweder dem breiten Almweg, der in weiten Kehren durch den Wald hinaufführt, oder dem Fußsteig, der sie weit gehend abkürzt und entsprechend steiler ist. Die **Pfarrachalm** liegt an der Waldgrenze unter dem Nederjoch, einem Ausläufer der Nockspitze. Der mit der Nr. 12 bez. Steig führt eben hinein ins Tal des Halslbachs und im letzten Stück empor aufs **Halsl** (mit Kapelle).
Vom Joch führt der Weg (Nr. 12) im Halslgraben abwärts ins Tal, das wiederum nahe Gagers erreicht wird.

5 Gsallerweg und Marchreisenspitze, 2620 m

Der anspruchsvolle, klassische Kalkkögelweg

Froneben – AK-Scharte – Gsallerweg – Marchreisenspitze – Ampferstein – Halsl – Fulpmes

Talort: Fulpmes, 937 m.
Ausgangspunkt: Froneben, 1338 m, Alpenghs., Bergstation der Seilbahn von Fulpmes.
Parkmöglichkeit: An der Talstation der Bahn (Skigebiet Schlick 2000).
Gehzeiten: Froneben – AK-Scharte 3 Std., auf die Marchreisenspitze 2 Std., zum Halsl 1½ Std., Abstieg nach Fulpmes 2½ Std. Gesamtzeit 9 Std.
Anforderungen: Bergerfahrung, Ausdauer und gutes Schuhwerk erforderlich!
Höchste Punkte: Marchreisenspitze, 2620 m, Ampferstein, 2556 m.
Höhenunterschied: 1300 Hm.
Einkehrmöglichkeit: Schlicker Alm.
Sehenswertes: Die wilde Felslandschaft der mittleren Kalkkögel.

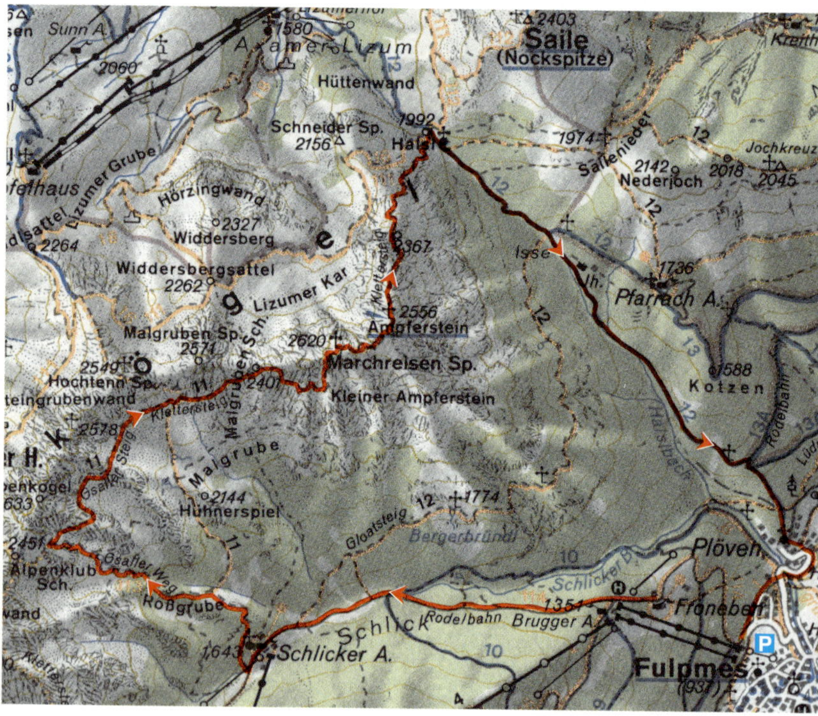

Malgruben- und Marchreisenspitze von Süden.

Der Gsallerweg (benannt nach Carl Gsaller, einem der frühen Erschließer dieser Gebirgsgruppe) führt auf den höchsten und prominentesten Gipfel der nördlichen Kalkkögel und erfordert einige Trittsicherheit und Ausdauer. Reizvolle Nah- und Fernblicke lohnen die Anstrengung.
Von **Froneben** auf dem breiten Fahrweg zur Schlicker Alm, 1643 m. Kurz hinter der Alm rechts ab, zunächst im Wald empor in die Roßgrube und über die steilen freien Hänge hinauf gegen die AK-Scharte (= Alpenklub-Scharte), 2451 m. Noch bevor man die Scharte erreicht, zweigt nach rechts der **Gsallerweg** ab und führt nordw. auf die Rasenhänge unter den Schlicker Nadeln. Der Steig quert in stetem Auf und Ab die Ostflanken des Steingrubenkogels, der Schlicker Zinnen und Türme bis in die Malgrube, oberhalb deren grüner Hänge man durch die Abhänge der Hochtennbodenspitze auf einen kleinen grünen Kopf hinaufsteigt. Fast eben ostw. und empor auf die Malgrubenscharte, 2401 m. Kurz auf die Lizumer Seite, dann zurück auf die Schlicker Seite und an den Hängen der Lizumer Spitze wenig ansteigend aufwärts. Über eine Felsstufe in die Geröllrinne, die vom Schartl zwischen Lizumer und Marchreisenspitze herabzieht, und über ein Band auf die grasige Südwestseite der Marchreisenspitze. Steil über Rasen an den Westgrat, der auf der Lizumer Seite unschwierig zur Geröllkuppe der **Marchreisenspitze** führt. Der in den felsigen Passagen gut versicherte Klettersteig führt nun weiter am Kamm über den **Ampferstein**, 2556 m, und vorbei an den kleinen Kehlbachlspitzen nach Norden hinunter zum Halsl, 1992 m, dem Joch (mit Kapelle), das den Übergang zwischen dem Stubai und der Axamer Lizum gewährt.
Abstieg wie bei Tour 4.

6 Schlicker Seespitze, 2804 m

Der höchste Kalkkögelgipfel und ein stiller Bergsee

Kreuzjoch – Starkenburger Hütte – Seejöchl – Schlicker Seespitze – Abstieg übers Schlicker Schartl zur Zirmachalm und in die Schlick

Talort: Fulpmes, 937 m.
Ausgangspunkt: Bergstation Kreuzjoch der Schlick-2000-Bahnen, 2020 m.
Parkmöglichkeit: An der Talstation.
Gehzeiten: Kreuzjoch – Starkenburger Hütte 1½ Std., zum Seejöchl 1 Std., auf die Schlicker Seespitze 1 Std., Abstieg in die Schlick 3½ Std. bis Froneben. Gesamtzeit 7 Std.
Anforderungen: Ausdauer, absolute Trittsicherheit und gutes Schuhwerk, besonders für den Aufstieg zur Schlicker Seespitze.
Einkehrmöglichkeiten: Starkenburger Hütte, Zirmachalm, Schlicker Alm.
Höchster Punkt: Schlicker Seespitze, 2804 m.
Höhenunterschied: 800 Hm.
Sehenswertes: Vom Gipfel umfassende Fernsicht, besonders auf die Eisberge des Hochstubais; der Schlicker See auf den Almböden südwestl. unter der Spitze.

Mit der eindrucksvollen Schlicker Seespitze besteigt man den höchsten Punkt der Kalkkögel, der nur dem geübten Wanderer vorbehalten ist.

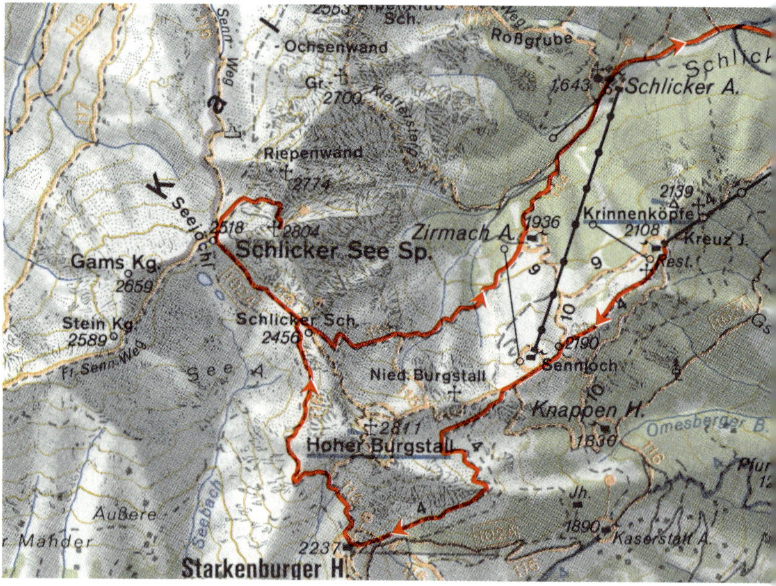

Riepenwand und Schlicker Seespitze von Norden.

Vom **Kreuzjoch** am Hüttenweg zum Sennjoch, 2190 m, und durch das teils felsige, abschüssige Gelände (Seilversicherungen) zur **Starkenburger Hütte**, 2237 m. Von hier die steilen Westhänge des Burgstalls nach Norden in die weiten Almböden unter dem **Seejöchl**, 2518 m, queren; wenig ansteigend auf dieses. Der lauschige Schlicker See liegt links unten in der Senke. Der Weg auf die **Schlicker Seespitze** führt gut bez. vom Seejöchl durch die Nordwestflanke des Bergs, dabei einige schottrige, schrofige Stellen überwinden. Zurück auf gleichem Weg zum Seejöchl und Richtung Starkenburger Hütte; bald jedoch links ab, kurz ins **Schlicker Schartl**, 2456 m, von dort zur **Zirmachalm**, 1936 m, und in die **Schlick** und in ca. 1 Std. zur Mittelstation Froneben absteigen.

7 Kleiner (Niederer) Burgstall, 2438 m, und Hoher Burgstall, 2611 m

Die zwei südlichsten der Kalkkögel

Kreuzjoch – Kleiner Burgstall – Hoher Burgstall – Starkenburger Hütte – Kreuzjoch

Talort: Fulpmes, 937 m.
Ausgangspunkt/Parkmöglichkeit: Bergstation Kreuzjoch der Schlick-2000-Bahnen, 2020 m (vgl. Tour 6).
Gehzeiten: Kreuzjoch – Kleiner Burgstall 1 Std., zum Hohen Burgstall 1 Std., Abstieg 2 Std. Gesamtzeit 4 Std.
Anforderungen: Absolute Trittsicherheit und gutes Schuhwerk.

Höchste Punkte: Kleiner (Niederer) Burgstall, 2438 m, Hoher Burgstall, 2611 m.
Höhenunterschied: 600 Hm.
Einkehrmöglichkeiten: Starkenburger Hütte, evtl. auch Kaserstattalm, Knappenhütte und Galtalm.
Sehenswertes: Prächtige Ausblicke über die Bergwelt der Stubaier Alpen.

Ebenso wie die Schlicker Seespitze (vgl. Tour 6) ist der Hohe Burgstall ein dem Trittsicheren vorbehaltener, jedoch sehr lohnender Gipfel.

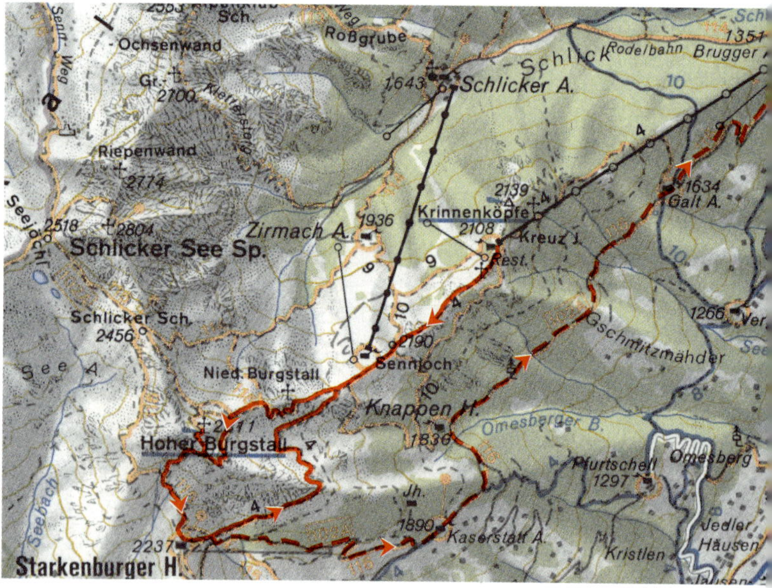

Kleiner Burgstall von Osten.

Vom **Kreuzjoch** folgt man dem guten, bez. Steig meist südl. der Kammhöhe zur begrünten Kuppe des **Kleinen Burgstalls**. Der Weg biegt am Hang in die Südflanke des Hohen Burgstalls und gewinnt den Gipfel über einen steilen, von Schrofen durchsetzten Hang (Seilversicherungen); zuletzt über den felsigen Grat von Süden auf den **Hohen Burgstall**. Abstieg durch die Südwestflanke hinunter bis zur auf aussichtsreicher Kuppe über dem Tal gelegenen **Starkenburger Hütte**, 2237 m. Von hier auf dem Hüttenweg durch felsiges, später grasiges Gelände zur Bergstation **Kreuzjoch**. Lohnend ist auch der Abstiegsweg durch die Südflanke des Kreuzjochs, vorbei an den gastlichen Almwirtschaften der Kaserstattalm, Knappenhütte und Galtalm, zurück nach Froneben.

8 Vergör, 1266 m, und Pfurtschell, 1297 m

Urige Bergbauernhöfe, steil über dem Tal gelegen

Froneben – Vergör – Pfurtschell – Medraz – Fulpmes

Talort: Fulpmes, 937 m.
Ausgangspunkt: Froneben, 1338 m, erste Zwischenstation der Schlicker Bergbahnen, Gaststätten.
Parkmöglichkeit: An der Talstation.
Gehzeiten: Froneben – Vergör ¾ Std., Vergör – Pfurtschell ¾ Std., nach Medraz 1½ Std., nach Fulpmes ½ Std. Gesamtzeit 3½ Std.
Anforderungen: Gut bez. und beschilderte Wanderwege, etwas Trittsicherheit.
Höchste Punkte: Froneben, 1338 m, Vergör, 1266 m, Pfurtschell, 1297 m.
Höhenunterschiede: Kaum Anstiege, im Abstieg 400 Hm.
Einkehrmöglichkeiten: Vergör, Pfurtschell.
Sehenswertes: Malerische Bergbauernhöfe in beeindruckender Lage; schöne Aussicht auf den vorderen Serleskamm.

Die ehemals weltabgeschiedenen Bergbauernhöfe auf steilen Wiesen 300 m über dem Tal sind mittlerweile durch Fahrwege erreichbar und in das Netz von Wanderwegen eingebunden, das die ganze Gegend überzieht.

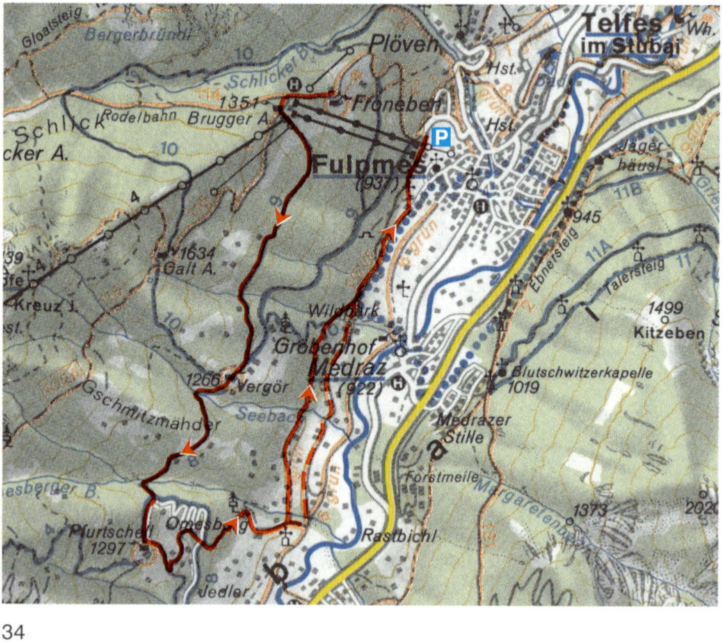

Die Wiesen von Pfurtschell gegen den Elfer.

Und wenn auch die Gastwirtschaften heute das bäuerliche Einkommen aufbessern, ist hier das Leben hart geblieben.
Von der Station **Froneben** folgt man dem Weg Nr. 9 (nicht dem zur Galtalm!), der zu Beginn fallend am Waldhang talein zur Höfegruppe von **Vergör** führt. Von hier kann man auch, der selben Markierungsnr. folgend, in einer ¾ Std. zurück zur Lift-Talstation gelangen. Weiter führt der Weg (nun mit Nr. 8 bez.) durch Wald, über Mähder und über drei wild eingeschnittene Bachgräben (eine Stelle seilversichert) zu den fast gleich hoch gelegenen Höfen von **Pfurtschell**.
Von hier entweder auf dem steilen, kürzeren Fußweg Nr. 4 oder bequemer auf dem Fahrweg in weiten Kehren wieder hinab auf den Talboden, den man bei den Höfen von Jedler und Kristlen erreicht. Von hier geht es auf breiten, ebenen Wegen durch die mit Heustadeln gespickten Wiesen über **Medraz** zurück nach **Fulpmes**. Am besten nimmt man den Weg Nr. 1 (grün bez.), der unmittelbar zur Lift-Talstation oberhalb des Orts zurückführt.

9 Von Kartnall über Forchach nach Bärenbad

Ein Rundgang im mittleren Stubaital

Neustift – Kartnall – Forchach – Bärenbad – Bichl – Milders – Neustift

Talort/Ausgangspunkt: Neustift, 993 m.
Parkplatz: Im Ort.
Gehzeiten: Neustift – Kartnall 1 Std., Kartnall – Forchach ½ Std., Forchach – Bärenbad ½ Std., Bärenbad – Milders ¾ Std., Milders – Neustift ¾ Std. Gesamtzeit 3½ Std.
Anforderungen: Schöne, bez. Wege.

Höchste Punkte: Kartnall, 1284 m, Forchach, 1341 m, Bärenbad, 1248 m.
Höhenunterschied: 500 Hm.
Einkehrmöglichkeiten: Kartnall, Forchach, Bärenbad, Milders.
Sehenswertes: Die alten Höfe von Kartnall und Oberberg; schöne Blicke auf den Habichtkamm.

Ähnlich wie bei der unter Tour 8 beschriebenen Wanderung bewegen wir uns hier im alten Bergbauernland steil über dem Talboden des Stubais. Vom Dorf **Neustift** zunächst auf dem bez. Weg Nr. 3 im steilen kleinen Bachertal aufwärts, bis der Weg sich bei einem Wegkreuz teilt; nun nach links, bald eben hinaus auf die Wiesen von **Kartnall**, 1284 m, einer Gruppe alter Höfe (mit Jausenstation). In gleicher Richtung weiter, nur wenig ansteigend durch ein kurzes Waldstück zur Jausenstation **Forchach**, 1341 m, die auf dem steilen Eck über Stubai- und Oberbergtal gelegen ist. Von hier auf dem Fahrweg (für private Pkw gesperrt) hinunter und kurz talein hinauf nach **Bärenbad**, 1248 m, einem Weiler mit zwei Ghs. im Talgrund des Oberbergtals; oberhalb auf der Sonnseite sieht man die Höfe von Oberberg aufgereiht. Fleißaufgabe für Ausdauernde: Von Bärenbad auf der Sonnseite über die Höfe von Oberberg nach Seduck (Ghf. Alpenfrieden); 1 Std.

Blick von Obergasse gegen Kartnall.

Von Bärenbad folgen wir dem Weg Nr. 2 auf der waldigen westl. Talseite zu den Höfen von **Bichl**; von hier kurz abwärts zur Talstraße. Nun entweder auf ihr hinab nach **Milders** oder, schöner, man überquert die Straße und den Oberbergbach, folgt weiter dem Weg Nr. 2 am Rand des Steilaufschwungs und erreicht die Fahrstraße von Milders nach Neustift. Auf dem Fußweg der Ruetz entlang nach **Neustift** zurück.

10 Wildkopfscharte, 2599 m

Zur Alm am steilen Sonnenhang

Seduck – Seduck-Hochalm – Wildkopfscharte und zurück

Talort: Milders, 1026 m.
Ausgangspunkt: Seduck (Ghf. Alpenfrieden), 1472 m, im Oberbergtal.
Parkmöglichkeit: An der Straße bei Seduck.
Gehzeiten: Von Seduck zur Hochalm 2½ Std., zur Scharte 1 Std. Gesamtzeit 3½ Std.
Anforderungen: Gut bez. Wege und Steige, bis zur Scharte ist eine gute Ausdauer erforderlich.
Höchster Punkt: Wildkopfscharte, 2599 m.
Höhenunterschied: 1200 Hm.
Einkehrmöglichkeit: Seduck-Hochalm.
Sehenswertes: Schöne Aussicht in den Talhintergrund des Oberbergtals mit Ruderhofspitze und Schrankogel.

Oberbergtal gegen Westen.

Im Oberbergtal bei Seduck.

Die Seduck-Hochalm war schon auf- und dem Verfall preisgegeben, doch nun ist hier wieder ein Einkehrpunkt am Höhenweg zwischen Starkenburger und Franz-Senn-Hütte entstanden, der auch als eigenständiges Ziel vom Tal durchaus lohnend ist.
Von der Höfegruppe **Seduck** mit dem Ghf. Alpenfrieden folgen wir dem markierten, steilen Almsteig durch den Wald hinauf (nahe der Waldgrenze zwei Varianten); auf den freien oberen Wiesen hält sich der Steig nach Westen und erreicht schließlich die **Seduck-Hochalm**, 2249 m.
Für Unermüdliche bietet sich noch reichlich Gelegenheit, die Wanderung auszudehnen: 1 Std. über der Alm erreicht man die **Wildkopfscharte**, die den Übergang ins Fotscher Tal und nach Sellrain ermöglicht. (Der 2719 m hohe Wildkopf ist von hier in einer weiteren Stunde erreichbar.)
Der Abstieg erfolgt auf gleichem Weg.

11 Franz-Senn-Hütte, 2149 m

Traditionsreiches Alpenvereinshaus zwischen Hoher Villerspitze und Ruderhofspitze

Oberißhütte – Franz-Senn-Hütte

Talort: Milders, 1026 m.
Ausgangspunkt: Oberißhütte, 1742 m, Gastwirtschaft, am Ende der schmalen, gut befahrbaren Bergstraße von Milders.
Parkplatz: Bei der Oberißhütte (gebührenpflichtig).
Gehzeiten: Oberißhütte – Franz-Senn-Hütte 1½ Std., für den Abstieg 1 Std. Gesamtzeit 2½ Std.
Anforderungen: Bequemer Weg.
Höchster Punkt: Franz-Senn-Hütte, 2149 m.
Höhenunterschied: 400 Hm.
Einkehrmöglichkeit: Franz-Senn-Hütte.
Sehenswertes: Der vergletscherte Talschluss um den Alpeiner Ferner, überragt von Ruderhofspitze, Schrankogel und den Brunnenkögeln.

Die Oberißhütte.

Am 23. August 1885 wurde im hintersten Oberbergtal eine der ersten Unterkunftshütten des Deutschen und Österreichischen Alpenvereins eröffnet und zum Gedenken an einen der tüchtigsten Pioniere des Alpinismus in diesem Land Franz-Senn-Hütte genannt. Der aus dem Ötztal stammende

Die Franz-Senn-Hütte gegen die Schlicker Seespitze.

Franz Senn war Pfarrer in Vent und Neustift, Gründungsmitglied des Alpenvereins und einer der ersten Organisatoren des Bergführerwesens. Als er 1884 in Neustift starb, war der Bau der Hütte bereits im Gang. Die ursprünglich bescheidene kleine Hütte wurde bereits 1909 auf das Dreifache ihres Umfangs erweitert, seither noch einige Male ausgebaut und modernisiert und präsentiert sich heute beinahe als eine Art »Alpenhotel« inmitten der gewaltigen Gletscherwelt um den Alpeiner Ferner.
Am Aufstiegsweg von der **Oberißhütte** wurde ein Naturlehrpfad eingerichtet. Der Weg ist nicht zu verfehlen, er führt am Sonnenhang, immer in mäßiger Steigung, über die Alpeiner Alm zur **Franz-Senn-Hütte**. Von hier aus empfiehlt sich ein Spaziergang am Alpeiner Bach gegen den Ferner zu, der sich zwar weit hinter die großen Endmoränen von 1850 zurückgezogen hat, aber dennoch immer noch eine imposante Erscheinung ist.
Der Abstieg erfolgt entweder auf dem Naturlehrpfad oder auf dem klassischen Hüttenanstieg.

12 Milderaunalm, 1671 m

Wanderung für sonnige Herbsttage

Krößbach – Oberegg – Milderaunalm (– evtl. Hühnerspiel) und zurück

Talort: Krößbach, 1101 m.
Ausgangspunkt: Unteregg, ca. 1200 m, Weiler aus Bergbauernhöfen über dem Tal, Zufahrt von Krößbach (Wegweiser) auf schmaler, asphaltierter Fahrstraße; zu Fuß von Krößbach oder Milders in ca. ½ Std.
Parkmöglichkeit: Beim Haus Maria in Unteregg (beschildert).
Gehzeiten: Oberegg – Milderaun 1 Std., Milderaun – Hühnerspiel 1¼ Std., Abstieg nach Unteregg 1½ Std. Gesamtzeit 3¾ Std.
Anforderungen: Gut bez. und beschilderte Wege und Steige.
Höchste Punkte: Milderaunalm, 1671 m, Hühnerspiel, 2181 m.
Höhenunterschied: 900 Hm.
Einkehrmöglichkeit: Ghs. Milderaunalm.
Sehenswertes: Blick auf Mischbachferner und Habicht sowie auf die Gletscherberge des Hochstubai.

Der Talhang des inneren Stubais ist sehr steil und sehr sonnig, die Wanderung empfiehlt sich also besonders für schöne, milde Herbsttage.

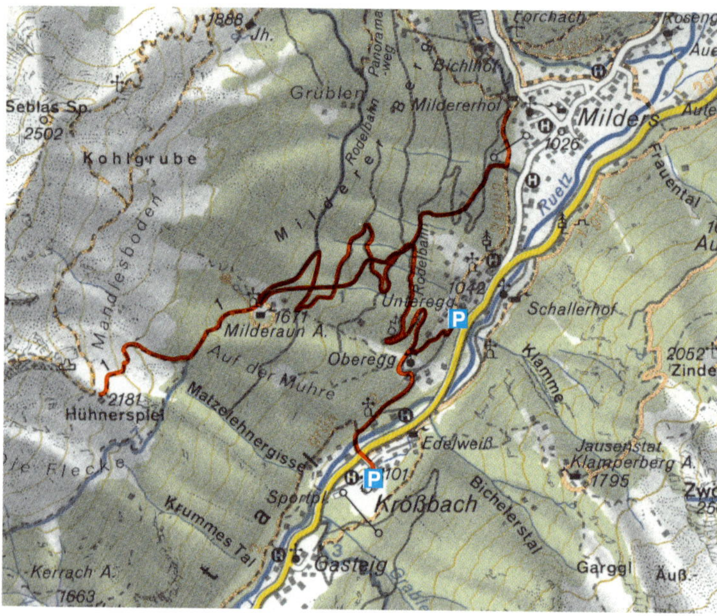

Blick von Unteregg talaus gegen Neustift.

Von **Krößbach** führen drei Wege auf die Milderaunalm. Am bequemsten, aber naturgemäß wenig abwechslungsreichsten ist der Fahrweg, der in weiten Kehren mit geringer Steigung von Unteregg durch den steilen Wald zur Milderaunalm hinaufführt. Steiler und mühsamer, aber auch kürzer, wandert, wer den alten Almsteig wählt, der direkt von **Oberegg** durch einen Graben unmittelbar zum Unterrand der Almwiese leitet. Am besten findet man ihn, wenn man zunächst auf dem Fahrweg die erste Kehre ausgeht; die zweite (über den Wiesen von Oberegg) berührt den erwähnten Graben. Oder man wählt den markierten Waldweg von Milders, der bei der dritten großen Kehre auf den Fahrweg trifft; die restlichen Kehren kann man von hier aus gut abschneiden. Es empfiehlt sich, von der **Milderaunalm** noch ein Stück dem Weg in Richtung Brennerspitze (Wegweiser und Markierung Nr. 1) zu folgen, am besten bis auf den über der Waldgrenze befindlichen grünen Kopf des **Hühnerspiels**, 2181 m (alte Schäferhütte).
Der Abstieg erfolgt auf gleichem Weg zur Milderaunalm und weiter auf einem der beschriebenen Wege zurück nach Unteregg oder Milders.

13 Neue Regensburger Hütte, 2287 m

Eine Hütte auf kühner Höhe

Falbeson – Falbesoner Ochsenalm – Neue Regensburger Hütte

Talort: Falbeson (auch Falwesun), 1212 m, uralte Almsiedlung auf einer Talweitung des hinteren Stubaitals, 9 km von Neustift, war vor dem Aufschwung des Tourismus in diesem Tal Ende der sechziger Jahre schon beinahe verfallen, jetzt Gaststätten und neue Häuser.
Ausgangspunkt: Waldcafé, knapp vor Falbeson bei der Brücke rechts ab (große Schilder).
Parkmöglichkeit: Vor dem Waldcafé.
Gehzeiten: Falbeson – Ochsenalm 2 Std., Ochsenalm – Neue Regensburger Hütte 1 Std.; Abstieg 2 Std. Gesamtzeit 5 Std.
Anforderungen: Für den letzten Anstieg zur Hütte etwas Ausdauer nötig; gut bez. Steige.
Höchster Punkt: Neue Regensburger Hütte, 2287 m.
Höhenunterschied: 1000 Hm.
Einkehrmöglichkeiten: Falbesoner Ochsenalm, Neue Regensburger Hütte.
Sehenswertes: Talschluss des Falbesontals mit Ruderhofspitze, Seespitzen, Kräulspitzen und Knotenspitzen.

Der Weg zur Regensburger Hütte beginnt kurz vor **Falbeson** am Waldcafé, einem modernen Gastbetrieb. Es geht in vielen steilen Kehren, stets den neuen, kühn in die Waldflanke geschobenen Güterweg zur Ochsenalm überquerend, durch den Wald hinauf. Nach der ersten Steilstufe lichtet der Wald sich und man gelangt auf den weiten, schönen Boden der **Falbeso-**

ner Ochsenalm, 1822 m. Hoch oben über der zweiten Geländestufe ist von hier, an heißen Sommertagen ob des noch zu ersteigenden steilen Hangs durchaus quälend, schon die Hütte sichtbar. In vielen kleinen Kehren windet der Weg sich über den vom Gletscher glatt gescheuerten Abhang zur **Regensburger Hütte** hinauf. Oben angekommen, weitet sich der Blick auf den eindrucksvollen Talschluss des Falbesontals. Der höchste Gipfel, im Westen über dem Hochmoosferner, ist die Ruderhofspitze.
Der Abstieg kann folgendermaßen variiert werden: Von der Hütte auf dem Weg in Richtung Schrimmennieder (Übergang zur Franz-Senn-Hütte) eben über dem Tal hinaus, bis oberhalb der gut sichtbaren Ochsenalm, noch bevor die Wege zur Milderaunalm und zum Schrimmennieder sich teilen, ein zwar unbez., aber guter Steig über den Wiesen- und Latschenhang hinunter zur Ochsenalm leitet.

Die Regensburger Hütte gegen den Habicht.

14 Mutterberger See, 2483 m

Stiller Bergsee in der Nachbarschaft der Eisriesen

Mutterbergalm – Hohe Grube – Mutterberger See – Wilde Grube – Mutterbergalm

Talort: Ranalt, 1303 m.
Ausgangspunkt: Talstation der Stubaier Gletscherbahn auf der Mutterbergalm, 1740 m.
Parkmöglichkeit: An der Talstation.
Gehzeiten: Anstieg zum See 2 Std., Abstieg 1½ Std. Gesamtzeit 3½ Std.
Anforderungen: Gute Wege und Steige.
Höchster Punkt: Mutterberger See, 2483 m
Höhenunterschied: 700 Hm.
Einkehrmöglichkeit: Keine. Bei Variante: Dresdner Hütte.
Sehenswertes: Schöner Rundblick vom grasumsäumten See auf die Fels- und Eisumrahmung des inneren Stubaitals.

In unmittelbarer Nähe der Gletscherbahn führt diese lohnende Wanderung zu einem einsam gelegenen See in hochalpiner Umgebung.

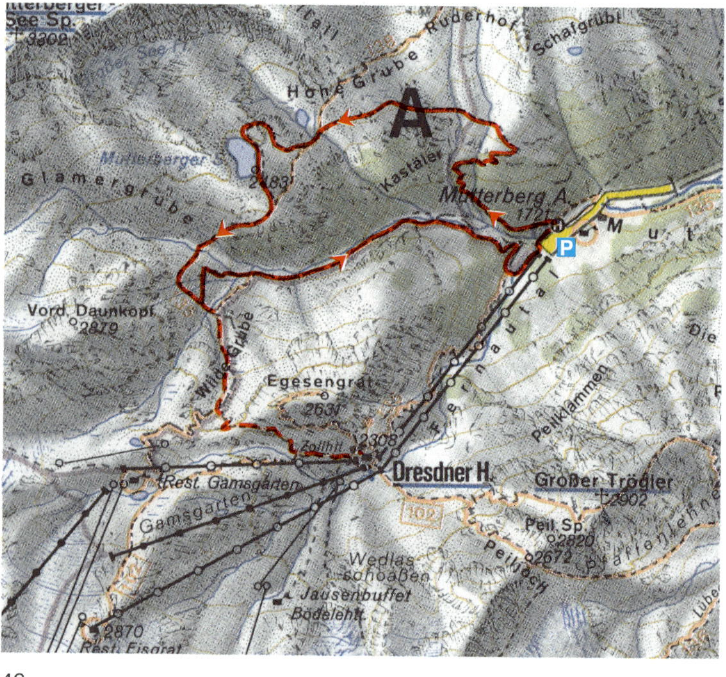

Mutterberger See gegen Wilden Pfaff und Zuckerhütl.

Von den Parkplätzen an der Gletscherbahn überschreiten wir den Talbach auf der Brücke unterhalb des Hotels **Mutterbergalm**. Auf dem Weg am Bach kurz talein, bei einem Wegkreuz rechts ab und dem bez. Steig folgend zunächst durch steilen Wald, dann Latschengelände, vorbei an schönen Wasserfällen auf die grünen Böden der **Hohen Grube**, die sich in etwa 2400 m Höhe über dem Hochtal des verfallenen Mutterberg-Oberlegers hineinziehen. Dem Steig folgend zum ersten fast verlandeten See, kurz darauf nochmals rechts ab und auf einem kleineren markierten Steig hinauf zum **Mutterberger See**.
Auf dem selben Weg zurück.
Oder, weniger reizvoll, nach Süden gegen die **Wilde Grube** absteigen und durch sie auf dem Fahrweg zurück zur **Mutterbergalm**.
Oder weiter nach Süden ansteigend (1 Std. vom See) zur Station Gamsgarten der Stubaier Gletscherbahn und mit dieser zurück ins Tal.

15 Schaufelspitze, 3333 m

In zwei Stunden auf einen Dreitausender

Station Eisgrat – Eisjoch/Bildstöckljoch – Schaufelspitze

Talort: Ranalt, 1303 m.
Ausgangspunkt: Talstation der Stubaier Gletscherbahn auf der Mutterbergalm, 1740 m. Station Eisgrat, 2870 m, Bergstation der zweiten Sektion der Gondelbahn, mit Panorama-Restaurant.
Parkmöglichkeit: An der Talstation.
Gehzeiten: Eisgrat – Schaufelspitze 2 Std., Abstieg 1½ Std. Gesamtzeit 3½ Std.
Anforderungen: Gletscherwanderung und Blockwerk; gutes Schuhwerk und Bergerfahrung notwendig, auch wenn die Wanderung in unmittelbarer Nähe der Gletscherbahn entlangführt.
Höchster Punkt: Schaufelspitze, 3333 m.
Höhenunterschied: 500 Hm.
Einkehrmöglichkeiten: Restaurant Eisgrat, »Jochdohle« beim Eisjoch.
Sehenswertes: Kühne Technik und urzeitliche Eislandschaft gehen eine sehenswerte Verbindung ein.

Schaufelspitze und Schaufelferner.

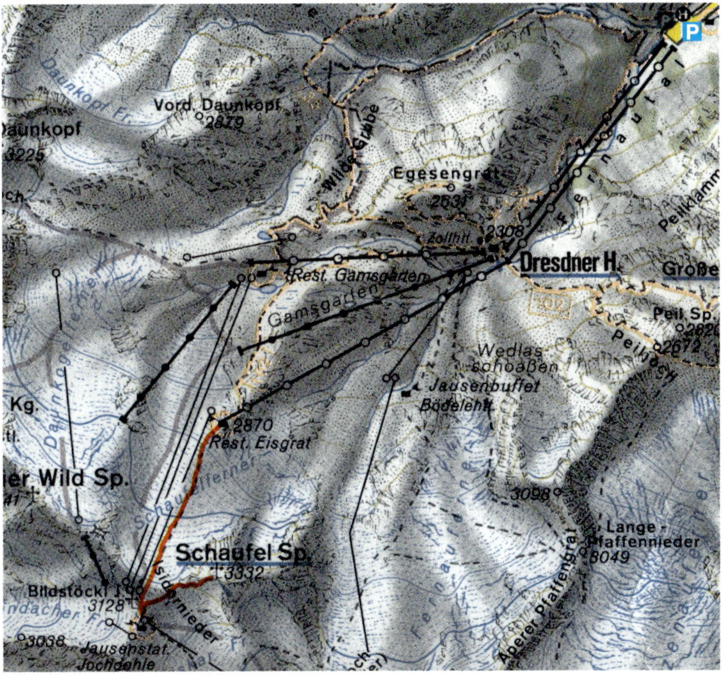

Das einst vollständig überfirnte Bildstöckljoch war früher ein viel begangener Übergang vom Stubai- ins Ötztal. Man hielt sich weiter westl., wo ein dem Hl. Isidor geweihter, 1945 verschwundener Bildstock stand (3144 m). Er wurde durch eine bronzene Schutzmantelmadonna des Stubaier Bildhauers Hansjörg Ranalter ersetzt.

Von der **Station Eisgrat** folgen wir dem präparierten und bez. Weg empor zum **Eisjoch** (»Stubaier Gletscherpfad«). Vom Joch hält man sich südwestw. um den markanten Felsaufbau herum; hier steht das Restaurant »Jochdohle«. Man gelangt auf den obersten Gaiskarferner und an den Fuß der Südflanke. Der gut sichtbare und in Stand gehaltene Weg hält sich in der Flanke etwas unterhalb des Südwestgrats und gewinnt rasch den Gipfel der **Schaufelspitze**.

Der Abstieg erfolgt auf gleichem Weg.

Man kann auch zu Fuß zur Dresdner Hütte (Mittelstation) und zur Muttbergalm absteigen; 2 Std. vom Eisgrat.

16 Peiljoch, 2672 m, und Großer Trögler, 2902 m

Zwei hochalpine Übergänge von Hütte zu Hütte

Dresdner Hütte – Peiljoch (oder Großer Trögler) – Sulzenauhütte – Grawaalm

Talort: Ranalt, 1303 m.
Ausgangspunkt: Die Mutterbergalm, 1740 m, bzw. die Dresdner Hütte, 2308 m, an der Mittelstation der Stubaier Gletscherbahn, großes, modernes AV-Haus.
Parkmöglichkeit: An der Talstation der Gletscherbahn.
Gehzeiten: Dresdner Hütte – Peiljoch 1½ Std., Dresdner Hütte – Großer Trögler 2½ Std.; Abstieg zur Sulzenauhütte 1–2 Std., Abstieg von der Sulzenauhütte zur Grawaalm 1 Std. Gesamtzeit 6–7 Std.
Anforderungen: Gut bez. Steige, die allerdings durch hochalpines Gelände führen; der Weg über den Trögler ist anspruchsvoll und nur wirklich Geübten anzuraten.
Höchster Punkt: Je nach gewähltem Weg Peiljoch, 2672 m, oder Großer Trögler, 2902 m.
Höhenunterschiede: 300 bzw. 600 Hm im Aufstieg, 1100 bzw. 1400 Hm im Abstieg.
Einkehrmöglichkeiten: Sulzenauhütte, Sulzenaualm.
Sehenswertes: Man befindet sich in unmittelbarer Nähe des Zuckerhütls, des höchsten Gipfels der Stubaier Alpen.

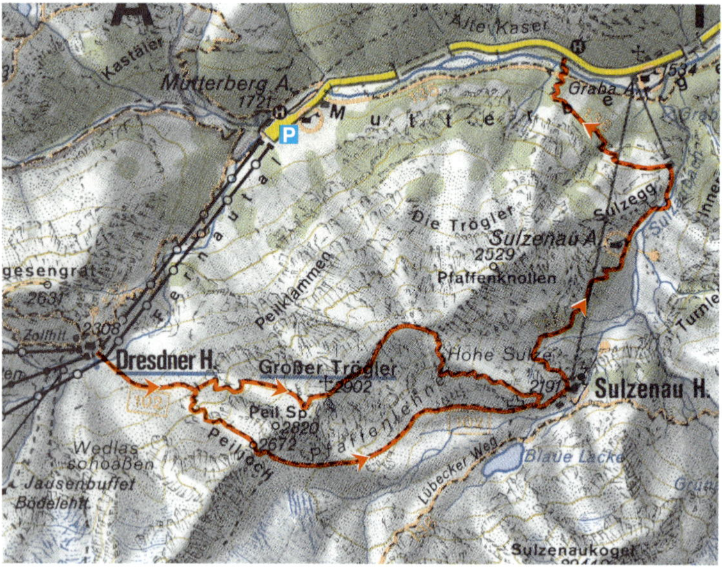

Wilder Pfaff und Zuckerhütl vom Peiljoch.

Dieser Weg ist einer der lohnendsten im Bereich des Hochstubai, nicht zuletzt weil die Seilbahn einem den Aufstieg zur Dresdner Hütte erleichtert, wodurch man etwa 2 Std. Gehzeit einspart.
Der kürzeste Übergang zwischen Dresdner und Sulzenauhütte ist zwischen Peilspitze und Aperem Pfaffengrat eingeschnitten. Der bez. Steig führt von der **Dresdner Hütte** südostw. über den Bach und die Schutthänge in vielen Kehren in einen Schuttkessel empor (nach etwa ½ Std. zweigt nach links der Weg zum Großen Trögler ab). Nun wendet sich der Steig nach Süden über einen Felsriegel hinauf und weiter gegen Osten über Geröll zum **Peiljoch**. Von diesem geht es über steile Schutthänge auf die nördl. Randmoräne des Sulzenauferners, über die man zur Sulzenauhütte, 2191 m, absteigt (Drahtseilsicherungen).
Für den Weg über den Großen Trögler wandert man von der Dresdner Hütte auf dem Weg zum Peiljoch, bis nach etwa ½ Std. der Steig zum Trögler nach links abzweigt. Auf ihm zum Gipfel des **Großen Trögler** mit Gipfelkreuz. Weiter nordwestw. absteigend erreicht man über den breiten Grasrücken den Kleinen Trögler, 2885 m, von dem man auf schmalem, steilem Steig über sehr abschüssige Gras- und Schrofenhänge zur **Sulzenauhütte** absteigen kann.
Von der Hütte auf dem Hüttenweg über die Sulzenaualm zur **Grawaalm**, 1534 m, knapp 2 km außerhalb der Mutterbergalm (zu Fuß ca. ½ Std.).

17 Sulzenauhütte, 2191 m

Gletscher- und Moränenwildnis unter Pfaff und Wildem Freiger

Grawaalm – Sulzenauhütte

Talort: Ranalt, 1303 m.
Ausgangspunkt: Grawaalm, 1534 m, 4 km talein von Ranalt an der Straße, Busverbindung, Gastbetrieb.
Parkmöglichkeit: An der Wegabzweigung hinter der Grawaalm.
Gehzeiten: Zur Sulzenauhütte 2 Std., Abstieg 1½ Std. Gesamtzeit 3½ Std.
Anforderungen: Gut markierter und beschilderter Hüttenweg.
Höchster Punkt: Sulzenauhütte, 2191 m.
Höhenunterschied: 800 Hm.
Einkehrmöglichkeiten: Sulzenaualm (Jausenstation), Sulzenauhütte.
Sehenswertes: Der imposante Grawa-Wasserfall gegenüber der Alm; die Gletscher, Moränen und Felskämme des Stubaier Hauptkamms.

In der Zeit der Schneeschmelze unter dem Grawa-Wasserfall zu stehen und sehen und hören zu können, wie hunderttausende Liter Wasser aus einem Spalt über die Felswände ins Tal der Ruetz hinunterdonnern, ist ein unvergessliches Erlebnis.

Die Berge über der Sulzenauhütte: Freiger, Pfaff und Zuckerhütl.

Etwas talein von der **Grawaalm** (Grabaalm) zweigt bei der Bushaltestelle der Weg zur Hütte nach links ab. Auf einem Steg über den Bach. Weiter in vielen Kehren durch den Wald empor (Markierung Nr. 136) und über der Waldgrenze ansteigend, zuletzt weniger steil zur Talmündung, die hoch über der Grawaalm liegt. Weiter talein fast eben zur Sulzenaualm (Jausenstation). Ein paar Minuten weiter, bei einer Reihe von großen Blöcken, führt der Weg rechts ab und windet sich in vielen Kehren über die steilen Hänge hinauf, quert diese gegen Süden und steigt nochmals in Kehren gegen die **Sulzenauhütte** an. Wem der Hüttenanstieg zu wenig ist, dem sei geraten, auf dem »Lübecker Weg« (bez. Nr. 136) ein Stück weit gegen den Sulzenauferner, einen der eindrucksvollsten Gletscher der Stubaier Alpen, anzusteigen.
Der Abstieg erfolgt auf gleichem Weg.

18 Nürnberger Hütte, 2278 m, und Niederl, 2629 m

Gegen die Gletscher des Hauptkamms

Schangelairalm – Bsuechalm – Nürnberger Hütte – Niederl

Talort: Ranalt, 1303 m.
Ausgangspunkt: Wegabzweigung knapp vor der Schangelairalm, 1390 m (Tschangelaralm), großes Schild.
Parkmöglichkeit: An der Abzweigung, Bushaltestelle.
Gehzeiten: Schangelairalm – Nürnberger Hütte 2½ Std., auf das Niederl 1½ Std., Abstieg 3 Std. Gesamtzeit 7 Std.
Anforderungen: Gut bez. und beschilderte Wege und Steige; für die gesamte Tour ist Ausdauer vonnöten.
Höchster Punkt: Niederl, 2629 m.
Höhenunterschied: 1300 Hm.
Einkehrmöglichkeiten: Bsuechalm, Langetalalm, Nürnberger Hütte.
Sehenswertes: Lohnende Aussicht auf die Gletscherberge des Stubaier Hauptkamms, vor allem auf Wilden Freiger und die Feuersteine.

Die erste Abzweigung von der Talstraße hinter Ranalt bei der **Schangelairalm** führt zur Nürnberger Hütte. In mäßiger Steigung leitet der Weg im Langental bis zur **Bsuechalm**, 1580 m (Gastwirtschaft), dort über den Bach

Die Nürnberger Hütte.

und an der westl. Talseite in Kehren weiter empor (Markierung Nr. 134). Durch Schrofen, stets südw., zuletzt weniger steil erreicht der Weg die **Nürnberger Hütte**. Diese ist (wie auch die Dresdner oder die Franz-Senn-Hütte) eine der großen, traditionsreichen, oft erweiterten und modernisierten Hütten im Bereich des inneren Stubaitais. Das Niederl ist ein westl. über der Hütte

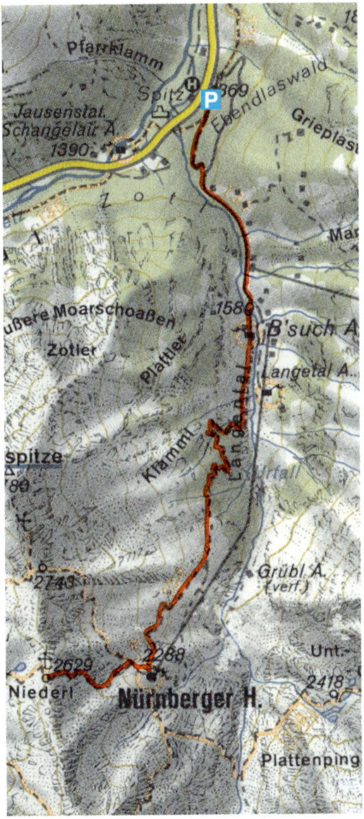

Die Bsuechalm.

zwischen Mair- und Urfallspitze eingeschnittenes Joch, das den Übergang zwischen Nürnberger und Sulzenauhütte vermittelt. Von der Hütte in ca. 1½ Std. auf dem weiterhin guten, bez. Steig, durch das Kar am Fuß der nördl. begrenzenden Schrofen, in Kehren zum **Niederl** mit Wegkreuz.

Will man direkt zum Ausgangspunkt zurückkehren, nimmt man den Abstieg auf gleichem Weg. Als eine weitere Möglichkeit bietet sich der Übergang zur Sulzenauhütte an; von dort steigt man ins Tal ab, das man bei der Grawaalm, 1534 m (vgl. Tour 17), erreicht, 3 km talein von der Schangelairalm. Mit etwas Glück erwischt man einen talauswärts fahrenden Bus.

19 Mischbachalm, 1848 m, »Glücksgrat«, ca. 2380 m

Einsame Alm unter der Habicht-Nordwand

Gasteig – Mischbachalm – Rotspitzschartl – Bacherwandalm – Gasteig

Auf der Mischbachalm.

Talort/Ausgangspunkt: Gasteig, ca. 1110 m.
Parkmöglichkeit: Bei Gasteig an der Wegabzweigung zur Alm beschränkte Parkplätze.
Gehzeiten: Zur Alm 2½ Std., Abstieg 1½ Std. Gesamte Runde über den »Glücksgrat« 6 Std.
Anforderungen: Trittsicherheit; für die gesamte Runde ist eine gute Ausdauer erforderlich.
Höchste Punkte: Mischbachalm, 1848 m, Rotspitzschartl, ca. 2380 m.
Höhenunterschied: 1250 Hm.
Einkehrmöglichkeiten: Mischbachalm, Bacherwandalm.
Sehenswertes: Einsame Alm- und Berglandschaft unter dem Habicht.

In der steilen Nordflanke des Habicht über Volderau und Gasteig gibt es nur eine flachere Stelle. An der Waldgrenze, umgeben von weitläufigen Almweiden, Almrosenböden und vielen Felsblöcken jeder Form und Größe unter den Furcht einflößenden Fels- und Eisfluchten des alles beherrschenden

Habicht, liegt eine der ursprünglich gebliebenen Almwirtschaften. Ohne Zufahrt oder Materialseilbahn wird sie im Sommer und – je nach Witterung auch ein gutes Stück in den Herbst hinein – bewirtschaftet, mit einfachen Lagern für jene, die die klassische Eisfahrt auf den Habicht über den Mischbachferner im Sinn haben.
Die Wegabzweigung von der Hauptstraße zur Mischbachalm befindet sich vor dem Weiler **Gasteig** bei einer Tafel. Kurz geht es auf der Straße neben neuen Häusern empor bis zum Beginn des alten Almwegs. Es gibt keine Abzweigungen. Etwa auf halber Höhe wechselt der Weg über den Mischbach, der über die unterste Steilstufe in einem prächtigen Wasserfall zum Weiler Volderau, kurz talein von Gasteig, hinunterstürzt. Von der **Mischbachalm** (Wegweiser »Glücksgrat«) führt der Steig noch weiter bis auf das **Rotspitzschartl**, ca. 2380 m, einen dem Habicht westl. vorgelagerten Aussichtspunkt; 1½ Std.
Von dort geht es durch beeindruckend steiles Gelände über die urige Obere Wandalm (nicht bewirtschaftet) und die volkstümliche **Bacherwandalm**, 1614 m, hinab ins Tal und nahe der Straße zurück nach **Gasteig**.

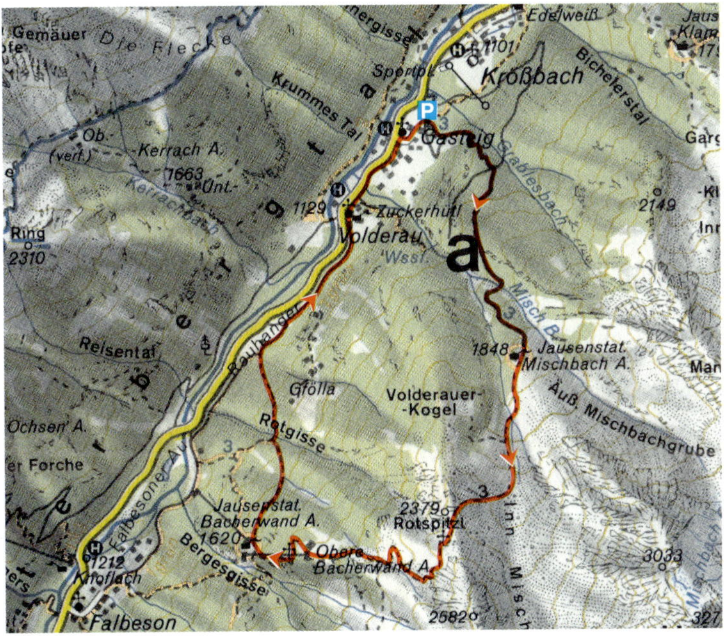

20 Autenalm, 1658 m, und Klamperbergalm, 1795 m

Gemütliche Almwanderung über Neustift

Elferlift-Bergstation – Autenalm – Klamperbergalm – Autenalm – Neustift

Talort: Neustift, 993 m.
Ausgangspunkt: Elferlift-Bergstation 1794 m (Bergrestaurant Agrar); Talstation am südöstl. Ortsrand von Neustift.
Parkmöglichkeit: An der Lift-Talstation.
Gehzeiten: Liftstation – Autenalm ½ Std., Autenalm – Klamperbergalm 1 Std.; Abstieg nach Neustift 2 Std. Gesamtzeit 3½ Std.
Anforderungen: Gute Wege und Steige.
Höchste Punkte: Klamperbergalm, 1795 m; ca. 1900 m zwischen den Almen.
Höhenunterschiede: Im Aufstieg kaum 200 Hm, im Abstieg 1000 Hm.
Einkehrmöglichkeiten: Autenalm, Klamperbergalm.
Sehenswertes: Schöne Ausblicke über das Stubaital.

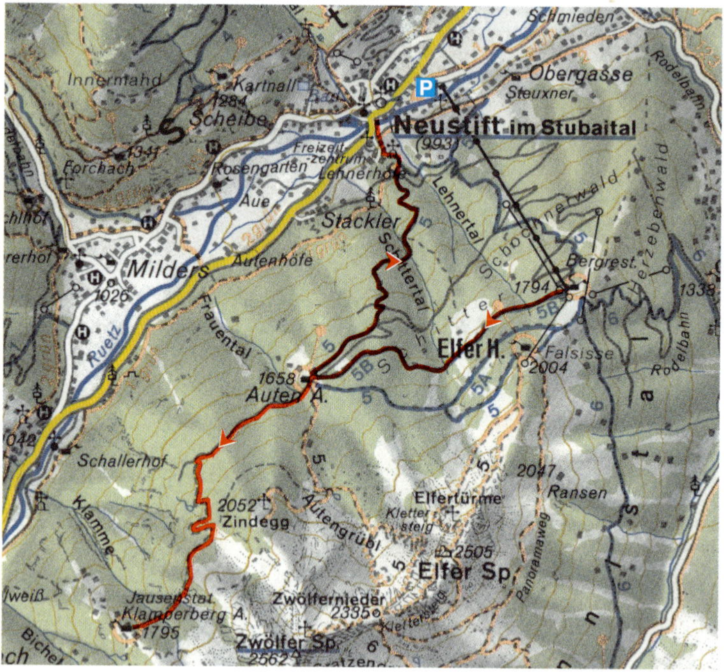

Blick von der Elfer-Bergstation zum Serleskamm.

Die zwei bewirtschafteten Almen hoch über dem Tal ergeben einen netten, kürzeren Ausflug von der Elferlift-Bergstation. Der steile Abstieg ins Tal kann dem Ungeübten Knieprobleme bereiten.
Von der **Elferlift-Bergstation** des eben westw., am Talhang einwärts und zuletzt ein Stück absteigend zur **Autenalm** (Markierung Nr. 5B, Gastwirtschaft). Zur Jausenstation **Klamperbergalm** behält man die Richtung bei, wandert, meist durch Wald, ein Stück weit steil ansteigend bis gegen 1900 m und gelangt über den Nordausläufer der Zwölferspitze und einen Bachgraben zur Alm.
Auf gleichem Weg zurück zur **Autenalm**.
Kürzer ist von der Alm der Rückweg zur Liftstation. Oder man steigt auf dem mit Nr. 5 markierten Weg zurück nach **Neustift** ab. Den Talboden erreicht man knapp südl. der Kirche; hier über die Ruetz und rechts haltend hinüber zur Lift-Talstation.

21 Elfer (Nördlicher Elferturm), 2495 m, und Zwölferspitze, 2562 m

Kleines Kalkmassiv im großen Urgesteinsgebirge

Elferlift-Bergstation – Elferhütte – Elfer – Zwölferspitze und zurück

Talort: Neustift, 993 m.
Ausgangspunkt: Elferlift-Bergstation 1794 m (Bergrestaurant Agrar); Talstation am südöstl. Ortsrand von Neustift.
Parkmöglichkeit: An der Lift-Talstation.
Gehzeiten: Liftstation – Elferhütte ½ Std., Elferhütte – Elfer 2 Std., zum Zwölfer ½ Std., Abstieg zur Liftstation 2½ Std. Gesamtzeit 5½ Std.
Anforderungen: Das letzte Stück zum Elfergipfel sowie am Grat zur Zwölferspitze leichte Kletterei, nur für Geübte mit guter Ausrüstung! Ansonsten gut bez. Steige.
Höchste Punkte: Nördlicher Elferturm, 2495 m, Zwölferspitze, 2562 m.
Höhenunterschied: 700 Hm.
Einkehrmöglichkeit: Elferhütte.
Sehenswertes: Schöner Blick auf das Pinnistal und die wilden Abstürze des Serleskamms.

Der Elfer vom Zwölfer.

Das kleine Massiv des Elfers zeigt ein typisches Merkmal der Stubaier Alpen: ein wild zerrissenes, zerschartetes Kalkmassiv, das unvermittelt auf dem großen Urgesteinssockel aufsitzt. Das schroffe Kalkgestein bringt sogleich schwierigere Anstiege mit sich; auch die dem Urgestein zugehörige Zwölferspitze ist nicht ganz leicht.
Von der **Elferlift-Bergstation** steigt man zunächst auf dem freien Rücken zur **Elferhütte**, 2004 m, auf; von ihr weiter auf bez. Steig am Kamm empor bis in eine Scharte. Jenseits über ein Schotterfeld bis

Die Elferhütte gegen die Kalkkögel.

dorthin, wo sich der Weg zwischen frei stehenden Felstürmen windet. Weiter zum Felsblock des Gipfelaufbaus, den man durch einen kaminartigen Spalt ersteigt. Der Weg ist bis zum Gipfel des **Elfers** markiert (Nr. 5).
Den Markierungen folgend geht es zwischen den wilden kleinen Felstürmen und zuletzt steil hinabsteigend in die wiederum begrünte Zwölferscharte, 2335 m.
Aus ihr weiter stets dem Grat und dem markierten Steig folgend, gelegentlich den plattigen Zacken an der Nordseite ausweichend zum Vorgipfel und über den kurzen scharfen Grat in netter, leichter Kletterei zur Scharte und zum Gipfel der **Zwölferspitze**.
Der kurze Weg zum nahen Südgipfel (etwas höher) folgt dem ausgesetzten Blockgrat – nur für Trittsichere!
Zurück auf dem gleichen Weg zur Scharte und an der östl. (rechten) Seite am Elfermassiv vorbei, bis man auf der Höhe des Elferturms wieder auf den Aufstiegsweg trifft.

22 Panoramaweg und Pinnistal

In das Tal mit den zahlreichen Almwirtschaften

Elferlift-Bergstation – Panoramaweg – Karalm – Pinnisalm – Herzebenalm – Neder – Neustift

Talort: Neustift, 993 m.
Ausgangspunkt/Parkmöglichkeit: Vgl. Tour 20.
Gehzeiten: Liftstation – Elferhütte ¾ Std., Elferhütte – Karalm 2 Std., Karalm – Neustift 2¼ Std. Gesamtzeit 5 Std.
Anforderungen: Gut bez. und beschilderte Steige und Wege.
Höchster Punkt: Ca. 2050 m, am Panoramaweg.
Höhenunterschiede: Im Anstieg kaum 200 Hm, im Abstieg 1000 Hm.
Einkehrmöglichkeiten: Restaurant Agrar, Elferhütte, Karalm, Pinnisalm, Issenangeralm, Herzebenalm.
Sehenswertes: Almböden und Lärchenwiesen mit malerischer Bergkulisse; zur einen Seite die Fels- und Eisflanken des Habicht, zur anderen die Kalkmassive von Kirchdach- und Ilmspitzen.

Das Pinnistal eignet sich besonders für gemächliche Wanderer – insgesamt vier Almwirtschaften laden zum Verweilen ein.

Außerhalb der Pinnisalm, Blick gegen die Kirchdachspitze.

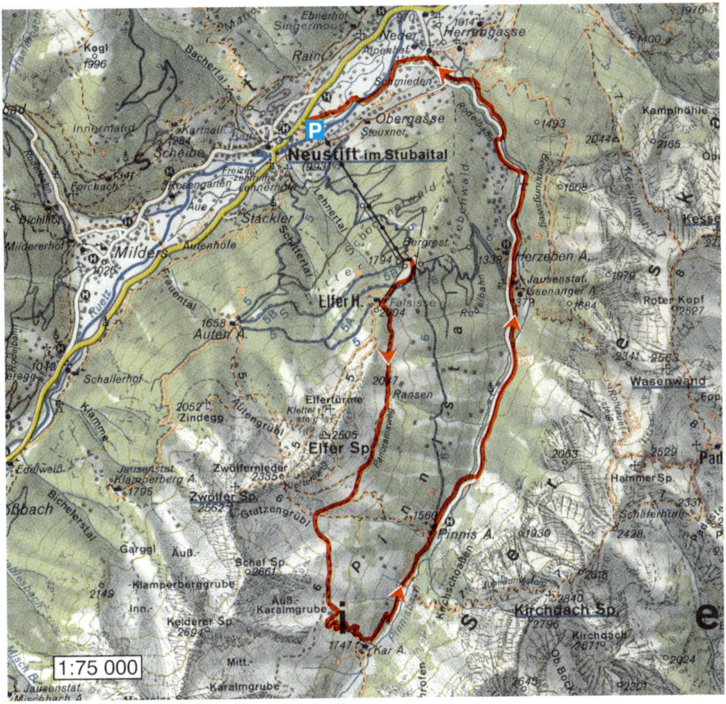

Von der **Elferlift-Bergstation** über den Rücken zur Elferhütte, 2004 m. Kurz oberhalb der Hütte zweigt der **Panoramaweg** in die westl. Talflanke des Pinnistals ab, steigt noch etwas an und quert dann auf ca. 2000 m Höhe südw. ins weite grüne Gratzengrübl, von wo er zuletzt recht steil in den Talgrund absteigt, den wir bei der **Karalm**, 1747 m, erreichen. Der Weg durch das Pinnistal ist nirgends zu verfehlen. Von der Karalm auswärts ist es ein breiter Fahrweg (für private Pkw gesperrt).

Auf dem Weg talaus kommen wir an der **Pinnisalm**, 1560 m, vorbei und wandern weiter zur Issenangeralm, 1372 m, die sich in Klosterbesitz befindet. Kurz unterhalb des Herzebenalm-Wirts nach links zur alten, pittoresken **Herzebenalm**, 1338 m. Auf Waldweg zurück zum Fahrweg.

Durch das steile, enge Tal wandert man stets in Bachnähe weiter. Bei **Neder** nach links auf einem Sträßchen zur Liftstation (Wegweiser!) und zurück nach **Neustift**.

23 Waldraster Jöchl, 1879 m, und Gleinser Mähder

Lärchenwiesen und ein alter Wallfahrtsort im Gebirge

Koppeneck – Maria Waldrast – Waldraster Jöchl – Gleinser Höfe – Mieders

Kloster Maria Waldrast.

Talort: Mieders, 952 m.
Ausgangspunkt: Bergstation Koppeneck des Serleslifts; die Talstation befindet sich am südwestl. Ortsausgang (an der alten Straße).
Parkmöglichkeit: Am Lift.
Gehzeiten: Koppeneck – Maria Waldrast ½ Std., Waldrast – Gleins 1½ Std., Gleins – Mieders ½ Std. Gesamtzeit 2½ Std.
Anforderungen: Wanderwege.
Höchste Punkte: Waldraster Jöchl, 1879 m, Gleinser Boden, 1785 m.
Höhenunterschiede: Im Anstieg kaum 200 Hm, im Abstieg 800 Hm.
Einkehrmöglichkeiten: Koppeneck, Ghs. Ochsenhütte, Maria Waldrast, Gleinser Höfe.
Sehenswertes: Die Gleinser Mähder sind botanisch interessant. Maria Waldrast, Kloster des Servitenordens, barocke Wallfahrtskirche mit Gnadenbild der Muttergottes.

Von Mieders bringt uns der Serleslift auf das **Koppeneck**, 1625 m; etwas oberhalb im Wald befindet sich das Ghs. Ochsenhütte. Sowohl vom Koppeneck als auch von der Ochsenhütte führen Waldwege nach Süden zum Waldraster Sattel, 1692 m, wo die alten Kreuzwege zusammentreffen, die von Medraz, Fulpmes und Mieders nach Waldrast führen. Das Kloster Waldrast, mit Wallfahrtskirche und Gaststätte, liegt auf 1636 m, kurz unterhalb des Sattels mit Blick auf die Tuxer Berge. Die Waldrast ist auch von

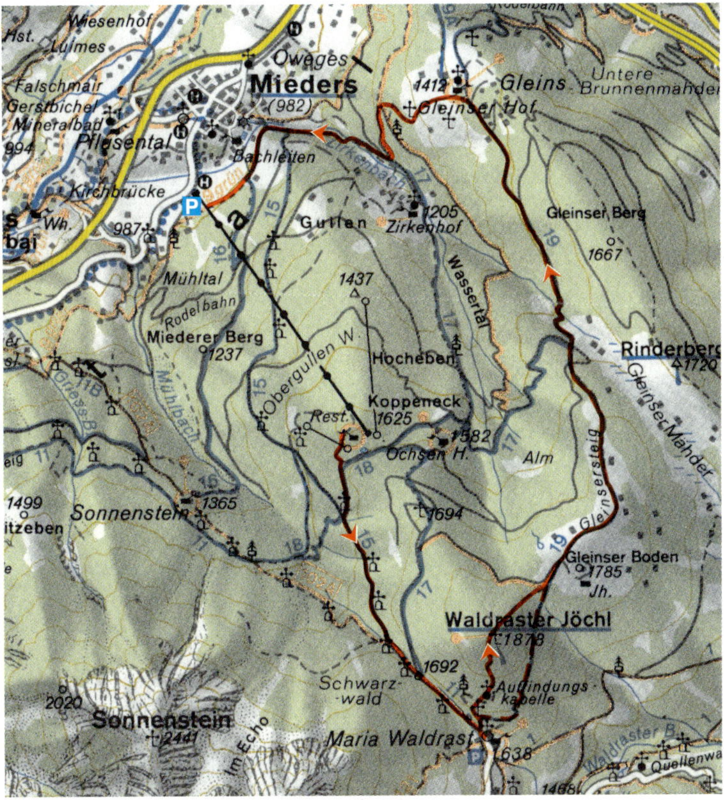

Matrei auf einer Mautstraße erreichbar (vgl. Tour 24, 25). Von **Maria Waldrast** steigen wir genau nach Norden durch den steilen Wald an, vorbei an der Auffindungskapelle (hier fand im Mittelalter ein Hirte das in einem Baumstamm eingewachsene Gnadenbild) und auf die kleine Lichtung mit Kreuz auf der Höhe des **Waldraster Jöchls**, 1878 m (nicht zu verwechseln mit dem vorgenannten Sattel). Nun auf dem mit Nr. 19 bez. Weg stets nordw. (Gleinser Steig) über die schönen Mähder hinaus zu den **Gleinser Höfen**, einem Weiler (mit Ghs.) am Berghang über Mieders. Auf dem Fahrweg westw. hinab in den Graben des Zirkenbachs, ihm entlang nach **Mieders** und südl. über dem Dorf vorbei zur Lift-Talstation.

24 Serles, 2718 m

Der »Hochaltar Tirols« im Süden über der Landeshauptstadt

Maria Waldrast – Serlesjöchl – Serles

Talort: Matrei am Brenner, 992 m.
Ausgangspunkt: Maria Waldrast, 1636 m, Alpenghf. im Gebäude der alten Wallfahrtsstätte; Kloster des Servitenordens, seit alters beliebte barocke Wallfahrtskirche. Auf gut ausgebauter, teils ziemlich steiler Mautstraße vom nördl. Ortsende von Matrei (Wegweiser) über das kleine Dorf Mützens durch das Waldraster Tal zu dem wunderschön am Oberrand von weiten Wiesen gelegenen Kloster, mit Blick auf die Berge des Tuxer Hauptkamms. Zu Fuß von Matrei 2½ Std., vom Beginn der Mautstraße 2 Std.
Parkmöglichkeit: Bei Maria Waldrast.
Gehzeiten: Waldrast – Serles 3½ Std., Abstieg 2 Std. Gesamtzeit 5½ Std.
Anforderungen: Steiganlage, teils gesichert; Trittsicherheit und Bergausrüstung erforderlich.
Höchster Punkt: Serles, 2718 m.

Höhenunterschied: 1100 Hm.
Einkehrmöglichkeit: Nur in Waldrast.
Sehenswertes: Waldrast, die Klosterkirche; der Rundblick von der Serles gehört zum umfassendsten im ganzen Land.

Im Aufstieg zum Serlesjöchl.

Die Serles von Süden.

Diese Bergtour ist zwar, besonders im letzten Teil, etwas mühsam und an sonnigen Tagen Schweiß treibend, der einzigartige Rundblick vom Gipfel lohnt aber die Anstrengung mehr als genug. Die Serles ragt mit dreigipfliger, formschöner Gestalt im Süden über der Landeshauptstadt Innsbruck auf. Von dieser Seite, der sie ihre zerfurchten Nordflanken zeigt, wirkt sie abweisend; über die geneigte Südflanke jedoch hat der erfahrene Bergsteiger keine Schwierigkeiten zu erwarten.

Von **Maria Waldrast** leitet der Steig (Bez. Nr. 121) hinter dem Wirtshaus in Kehren steil empor, zuerst durch Fichten- und Lärchenwald, dann durch Latschen- und Alpenrosengestrüpp, und quert sodann unter den Südabstürzen der Serles in die trümmererfüllte Serlesgrube hinüber (Quelle). Weiter in Kehren zum **Serlesjöchl**, 2384 m, der Einsattelung zwischen der Roten Wand und der Serles (2½ Std. von der Waldrast); hier schöner Tiefblick ins Stubaital. Vom Jöchl über eine kurze, gesicherte Felspassage auf den steilen, breiten, schotterbedeckten Südwestrücken des Bergs, über den man, nochmals unschwierig Felsen überwindend, in 1 Std. den Gipfel der **Serles** mit Kreuz erreicht.

Der Abstieg erfolgt auf gleichem Weg.

25 Blaser, 2241 m

Alpenblumenparadies über dem Wipptal

Siebenbrunnenquelle – Blaserhütte – Blaser – Brandach – Mutterbrunnenquelle

Talort: Matrei am Brenner, 992 m.
Ausgangspunkt: Die Siebenbrunnenquelle an der Mautstraße nach Maria Waldrast; Wegabzweigung zum Blaser (Wegweiser); oder, kaum länger, von Maria Waldrast (vgl. Tour 24).
Parkmöglichkeit: Kurz oberhalb der Abzweigung.
Gehzeiten: Siebenbrunnenquelle – Blaser 2 Std., Abstieg 2 Std. Gesamtzeit 4 Std.
Anforderungen: Gut bez. Wege und Steige. Abstieg über Brandach nur für Geübte; sonst am Aufstiegsweg zurück! Das Gebiet des Blaser ist Naturschutzgebiet!
Höchster Punkt: Blaser, 2241 m.
Höhenunterschied: 700 Hm.
Einkehrmöglichkeiten: Blaserhütte, evtl. Maria Waldrast.
Sehenswertes: Kloster Maria Waldrast (vgl. Tour 24); im Frühsommer die reiche Alpenflora auf dem Blaser.

Etwa 10 Gehminuten unterhalb von Maria Waldrast, bei einer großen Kehre am Talgrund, entspringt die **Siebenbrunnenquelle**, einst für die Wallfahrer von Matrei eine Wegstation. Etwas weiter unten zweigt der Weg zum Blaser

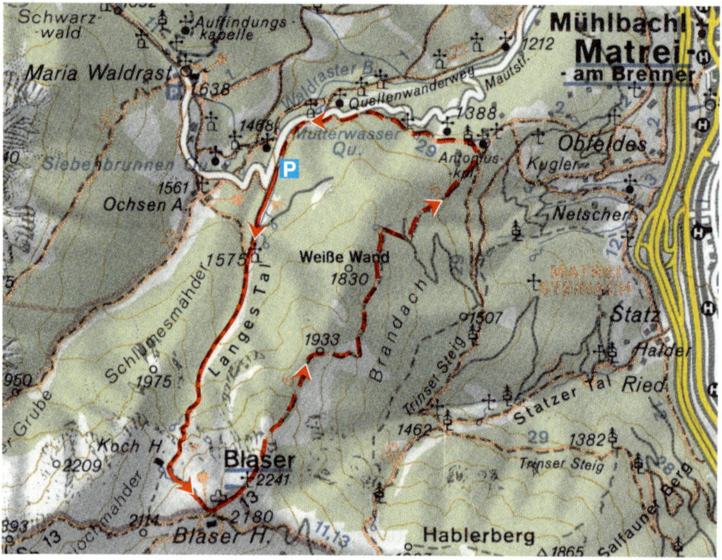

Spätherbst am Blaser, Blick ins Gschnitztal.

nach links ab (Wegweiser). Hier links, südw., in leichter Steigung auf dem Weg ins Lange Tal. Auf dem Steig in Kehren durch das steile Kar auf den breiten Sattel (Schluimessattel), 2114 m, der sich nach Süden gegen das Gschnitztal erstreckt und im Frühsommer eine Blütenpracht von seltener Reichhaltigkeit aufweist. Hier links über die Grashänge aufwärts und bald zur flachen Kuppe des **Blasers**. Etwas unterhalb steht die **Blaserhütte**.
Abstieg auf gleichem Weg.
Der Abstieg über **Brandach** ist lohnend, aber nur für Geübte geeignet! Vom Gipfel direkt ostw. über den anfangs steilen, von Felsstufen durchsetzten Grat dem abschüssigen Steiglein folgend hinab. Nach Ende der Felsen folgt man weiter dem markierten, teilw. undeutlichen Steig auf den breiten Rücken, 1933 m. Hier bei einem Zaun rechts in die Südflanke; über sie und schließlich im Wald absteigen, bis man nach einer Quelle auf den neuen Forstweg trifft. Am Rand der Lärchenwiesen hinab, bis man auf den quer verlaufenden Trinser Steig trifft; auf ihm nach links hinein ins Waldraster Tal, zuletzt am Fahrweg ein Stück ansteigend hinauf zum Ausgangspunkt.

26 Padasterjochhaus, 2232 m

Gastliche Einkehr hoch am Serleskamm

Trins – Padasterjochhaus

Talort: Trins, 1283 m.
Ausgangspunkt/Parkmöglichkeit: Parkplatz (an schönen Wochenenden häufig überfüllt) am Waldrand westl. über Trins, ca. 1300 m. Zufahrt vom westl. Ortsrand, vom Ortsteil Bichl. Ansonsten aus der Ortsmitte.
Gehzeiten: Anstieg 2½ Std., Abstieg 2 Std. Gesamtzeit 4½ Std. (Von der Ortsmitte aus dauert es etwas länger.)
Anforderungen: Guter Steig.
Höchster Punkt: Padasterjochhaus, 2232 m.
Höhenunterschied: 900 Hm.
Einkehrmöglichkeit: Padasterjochhaus.
Sehenswertes: Schöner Rundblick von der Hütte, vor allem auf Tribulaungruppe und Tuxer Hauptkamm.

Auf aussichtsreicher Höhe über welligem Almland steht die kleine, 1907 von den Wiener Naturfreunden erbaute gastliche Hütte. Der Hausberg, die Kirchdachspitze, 2840 m, kann von hier auf teils versichertem Steig in knapp 2 Std. erstiegen werden. Auch die Übergänge über den Serleskamm ins Pinnistal und ins Stubai oder zum Serlesjöchl und nach Maria Waldrast sind schöne, viel begangene Wanderungen, die alle Ausdauer erfordern.
Vom Fahrverbot am Waldrand über **Trins** folgen wir zunächst dem Fahrweg über dem Finzebach talein bis zum Gatter vor einem Wiesengrund. Hierher auch vom Ortsteil Bichl auf Fußweg über die St.-Barbara-Kapelle. Wir nehmen den linken Weg, der bald schmaler wird, über die Wiese in den Tal-

Das Padasterjochhaus.

Trins gegen Südwesten.

grund. Von dort wird es steil, mehrfach kreuzt man die Almstraße. Über den bewaldeten Steilhang auf die oberen Mähder und Almwiesen der Padaster-alm und zum **Padasterjochhaus**. Der Abstieg erfolgt auf gleichem Weg.

27 Innsbrucker Hütte, 2370 m, und Kalkwand, 2564 m

Zwischen Habicht und Hauptkamm

Gschnitz (Ghs. Feuerstein) – Innsbrucker Hütte – Kalkwand

Talort: Gschnitz, 1242 m.
Ausgangspunkt: Ghs. Feuerstein, etwas talein von Gschnitz, Ende der Fahrstraße.
Parkmöglichkeit: Beim Ghs. Feuerstein.
Gehzeiten: Ghs. Feuerstein – Innsbrucker Hütte 3 Std., Innsbrucker Hütte – Kalkwand 1 Std., Abstieg Hütte ¾ Std., nach Gschnitz 2 Std. Gesamtzeit ca. 7 Std.
Anforderungen: Gut bez. Steige; Ausdauer und für die Kalkwand gutes Schuhwerk erforderlich.
Höchster Punkt: Kalkwand, 2564 m.
Höhenunterschied: 1300 Hm.
Einkehrmöglichkeit: Innsbrucker Hütte.
Sehenswertes: Schöne Rundsicht auf Habicht/Serleskamm und den Stubaier Hauptkamm (Tribulaune).

Die Innsbrucker Hütte, ein beliebtes Ausflugsziel, steht in aussichtsreicher Lage etwas westl. auf der Höhe des Pinnisjochs. Sie dient auch als Ausgangspunkt für den Ilmspitz-Klettersteig und die Besteigung des Habichts. Die Kalkwand ist von hier ein leichter, lohnender Gipfel.
Vom **Ghs. Feuerstein** kurz talein und bei der Materialseilbahn-Talstation nach rechts über den Bach. Hier beginnt der Hüttenweg, der in zahllosen kleinen Kehren den zuerst bewaldeten, dann freien und insgesamt ungemein steilen Hang hinaufzieht, der erst weit oben über der Waldgrenze flacher wird. Der vielzackige Grataufbau der Kalkwand ragt wenig nordöstl. über dem Pinnisjoch auf und ist von der **Innsbrucker Hütte** auf gutem, bez. Steig in 1 Std. ersteigbar. Der Steig zweigt am Pinnisjoch vom beschriebenen Hüttenweg links ab (Wegweiser), führt zunächst durch die schottrige Nordwestseite, dann auf die Grathöhe und schließlich über die grasige, von Schrofen durchsetzte Südseite zum höchsten Punkt, dem breiten Schutt- und Blockgipfel der **Kalkwand** mit Kreuz. Der Steig leitet noch weiter bis auf die Almböden am Fuß der Ilmspitzen, den schroffen, selten erstiegenen Kalkgipfeln.
Der Abstieg erfolgt auf gleichem Weg.

Die Innsbrucker Hütte gegen die Kalkwand.

28 Bremer Hütte, 2411 m

Ein stiller Winkel im östlichen Stubaier Hauptkamm

Gschnitz (Ghs. Feuerstein) – Lapones-Alm – Bremer Hütte und zurück

Talort, Ausgangspunkt und Parkmöglichkeit: Vgl. Tour 27.
Gehzeiten: Ghs. Feuerstein – Lapones-Alm ¾ Std., zur Hütte 2½ Std., Abstieg 2½ Std. Gesamtzeit ca. 5¾ Std.
Anforderungen: Gute Wege und Steige, Ausdauer und Trittsicherheit erforderlich.
Höchster Punkt: Bremer Hütte, 2411 m.
Höhenunterschied: 1150 Hm.
Einkehrmöglichkeiten: Bremer Hütte, Lapones-Alm.
Sehenswertes: Die beeindruckende Fels- und Gletscherlandschaft des hintersten Gschnitztals.

Weltabgelegen, weit im Hintergrund des schönen Gschnitztals, steht die Bremer Hütte, ein schmucker altmodischer Holzbau, auf Gletscherschliffbuckeln in beeindruckender Umgebung der Fels- und Eisberge des Alpenhauptkamms. Sie dient als Stützpunkt für die Besteigung der Feuersteine.

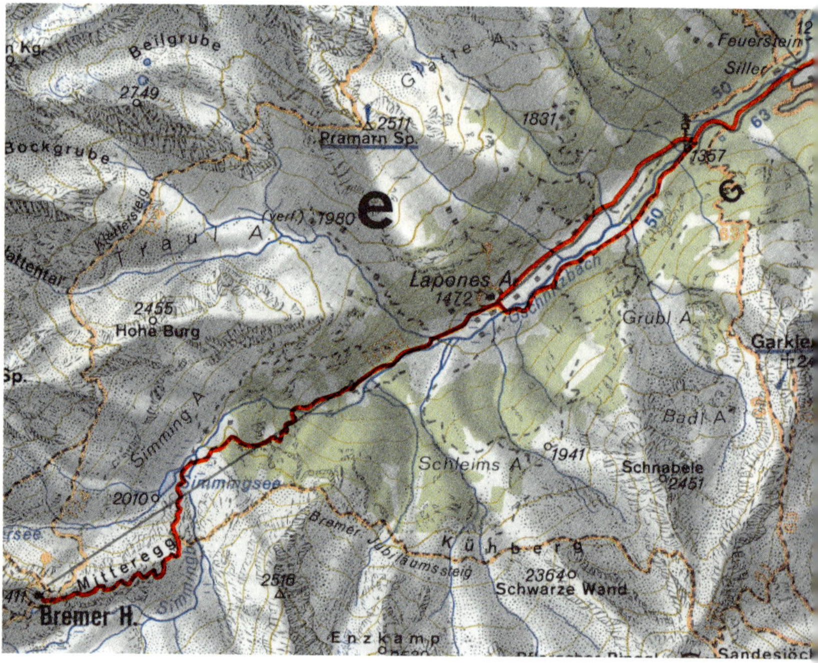

Die Bremer Hütte.

Vom **Ghs. Feuerstein** folgt man zunächst dem Sträßchen talein. Wo dieses über den Bach setzt, geht man besser auf dem Fußweg weiter zum Alpenghf. **Lapones-Alm**, 1472 m (bis hierher auch mit Taxidienst). Weiter wandern wir auf dem Sträßchen bis in den Talgrund. Hier zweigt rechts der Steig zur Bremer Hütte ab (Wegweiser). Zunächst empor zum Gschnitzbach, der auf einem Steg überschritten wird. Jenseits etwas bergab, dann in vielen Kehren den steilen Hang hinauf (im oberen Teil Seilsicherungen) und rechts hinaus in die Mulde der oberen Simmingalm (hier die Mittelstation der Materialseilbahn). Man wandert durch die Wiesenmulde hinein zum verträumten Simmingsee, der rechts liegen bleibt. Links empor über den ausgeprägten Felsrücken wiederum in vielen Kehren auf dem blockigen Weg zur **Bremer Hütte**.
Der Abstieg erfolgt auf gleichem Weg.

29 Tribulaunhütte, 2064 m, und Garklerin, 2470 m

Die wildesten Felsberge der Stubaier Alpen

Gschnitz (Ghs. Feuerstein) – Außersandesalm – Tribulaunhütte (– evtl. Garklerin)

Talort, Ausgangspunkt und Parkmöglichkeit: Vgl. Tour 27.
Gehzeiten: Obertal – Tribulaunhütte 2½ Std., Tribulaunhütte – Garklerin 1½ Std., Abstieg von der Garklerin ins Tal 2½ Std. Gesamtzeit 6½ Std.
Anforderungen: Gut bez. Steige, an der Garklerin Trittsicherheit erforderlich.
Höchste Punkte: Tribulaunhütte, 2064 m, Garklerin, 2470 m.
Höhenunterschiede: 800 bzw. 1200 Hm.
Einkehrmöglichkeit: Tribulaunhütte.
Sehenswertes: Das gewaltige Felspanorama der Tribulaungruppe.

Das Sandes- mündet ins Gschnitztal bei der letzten Dauersiedlung, den Höfen von Obertal, 1281 m, mit dem **Ghs. Feuerstein**. Man folgt dem mit Nr. 127 bez. Weg in einigen Kehren über die steile Waldlehne. Dann weitet sich das Tal, man wandert an der **Außersandesalm**, 1498 m, vorbei und steigt an der Ostseite des Bachs zur Waldgrenze an, von der man, zuletzt in Kehren, die **Tribulaunhütte** erreicht.
Die Garklerin ist ein auffällig zugespitzter Felskegel, dem Hauptkamm nördl. vorgelagert, von dem man eine hervorragende Aussicht auf die Tribulaungruppe mit ihren wilden Nordwänden und die Gletscherberge weiter westl. im Hauptkamm, vor allem die Feuersteine über dem Talschluss des Gschnitztals, genießt. Der Steig führt in weitem Bogen durch das innerste Sandestal, unter den Wänden des Gschnitzer und des Pflerscher Tribulauns sowie des Goldkappls vorbei, wendet sich sodann, stets in etwa gleich bleibender Stei-

gung, nach Norden zum begrünten Joch vor der Garklerin. Zwischen Felsen und über Schutt geht es auf schmalem Steig zum kreuzgeschmückten Gipfel der **Garklerin**.

Vom Gipfel zurück auf den Grassattel; von hier am Anstiegsweg zurück in den Talgrund und auf bez. Steig talaus zurück zum Ghs. Feuerstein.

Ein anderer, etwas kürzerer Abstieg führt vom Südgrat der Garklerin steil nach Norden ins Gschnitztal.

Die Garklerin von Süden.

30 St. Magdalena, 1661 m

Altes Wallfahrtskirchlein auf jäher Höhe

Gschnitz – St. Magdalena – Obererlawieswald – Gschnitz

St. Magdalena gegen Norden.

Talort und Ausgangspunkt: Gschnitz, 1242 m.
Parkmöglichkeit: In Gschnitz.
Gehzeiten: Gschnitz – St. Magdalena 1¼ Std., Rückweg über den Obererlawieswald 1¾ Std. Gesamtzeit 3 Std.
Anforderungen: Gut bez. und beschilderter Wanderweg.
Höchster Punkt: St. Magdalena, 1661 m.
Höhenunterschied: 400 Hm.
Einkehrmöglichkeit: Eine nette Jausenstation in St. Magdalena.
Sehenswertes: Das in der heutigen Gestalt aus dem 15. Jh. stammende Wallfahrtskirchlein; der ungewöhnliche Bauplatz an der Geländekante, die hinter dem Altar gefundene, in den gewachsenen Fels gehauene Wanne und eine heute fast versiegte Quelle deuten auf einen alten kultischen Ort; sehenswert das Innere mit romanischen und gotischen Fresken; schöner Tiefblick auf das Gschnitztal.

»Nordöstlich eine Stunde von Gschnitz leuchtet aus dem dunkeln Schoße hoher, jäh abstürzender Felsen ein Kirchlein hernieder. Mit Schaudern blickt man hinauf, mit Schwindeln blickt man herab. Es ist ein Wallfahrts-Kirchlein, der büßenden Magdalena geweiht. – Wer mag wohl diesen seltsamen Bau geführt haben? Nach der Volkssage ein Herr des Schlosses Schneeberg zur Sühnung seiner großen Sünden. Da sich bei dem Baue, wie erzählt wird, Wunderbares ereignete, so mühten sich viele Fromme dahin, und legten dort Opfer nieder.« So beschrieb der Tiroler Topograf Johann Jakob Staffler um 1840 St. Magdalena bei Gschnitz.

Knapp östl. der Kirche in **Gschnitz** überschreiten wir den Bach auf einem Steg und folgen dem gut markierten und beschilderten Weg, der am Talhang allmählich ansteigt, einen Bogen durch das kleine Tal des Martairbachs macht und jenseits durch sehr steiles Gelände zu dem Kirchlein **St. Magdalena** (im selben Gebäude kleine Gastwirtschaft) emporführt.

Den Abstieg nehmen wir durch das steil ins Gschnitztal ausmündende Martairtal hinab auf den hier großteils bewaldeten Talboden, durch den **Obererlawieswald** und südl. des Bachs (oder auch nördl., auf der Uferpromenade) zurück nach **Gschnitz**.

31 Trunaalm, 1913 m

Beschauliche Almrunde im vorderen Gschnitztal

Trins – Trunahütte – Trunaalm – Gerichtsherrenalm – Trins

Talort/Ausgangspunkt: Trins, 1283 m.
Parkmöglichkeit: Südwestl. des Orts an der Schlepplift-Talstation.
Gehzeiten: Trins – Trunahütte 1½ Std., Trunahütte – Trunaalm ½ Std., Trunaalm – Gerichtsherrenalm 1½ Std., nach Trins zurück ¾ Std. Gesamtzeit 4¼ Std.

Anforderungen: Gute Wanderwege.
Höchster Punkt: Trunaalm, 1913 m.
Höhenunterschied: 800 Hm.
Einkehrmöglichkeiten: Trunahütte, Trunaalm, Gerichtsherrenalm.
Sehenswertes: Schöne Almen und Mähder über der Waldgrenze.

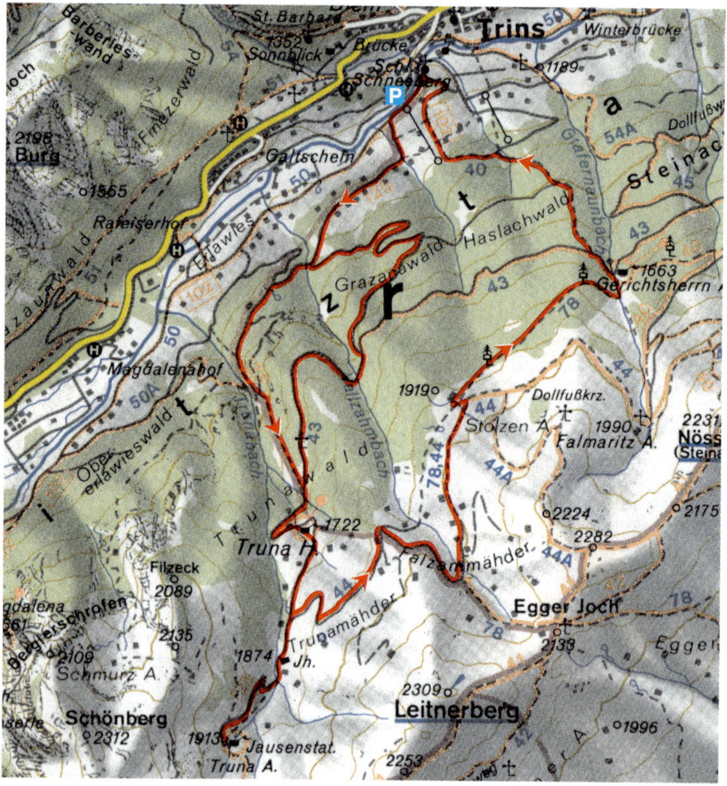

Auf den Falzammähdern.

Am Ausgangspunkt unserer Wanderung beeindruckt nicht nur das schön in einem Lärchenwäldchen gelegene Schloss Schneeberg, sondern auch der eiszeitliche Moränenwall, auf dem es steht. Es ist der am besten erhaltene seiner Art. Nach ihm wurde ein eiszeitlicher Gletschervorstoß »Gschnitztalstadium« genannt.
Kurz westl. der Schlepplift-Talstation in **Trins** zweigen wir auf dem mit Nr. 125 bez. Fahrweg links ab und erreichen entweder auf ihm oder, kürzer und steiler, auf dem Fußweg nahe dem Trunabach folgend die **Trunahütte**, 1722 m. Am Fahrweg durch die Mähder weiter hinauf zur **Trunaalm** (Jausenstation). Der Weg zur Gerichtsherrenalm zweigt etwa auf halbem Weg zwischen Trunaalm und -hütte nach Osten ab. Auf dem Fahrweg gelangen wir zunächst ansteigend auf die Falzammähder mit vielen kleinen Heuhütten. Nun weiter auf einem Fußweg über die Stolzenalm, 1919 m, und durch Wald hinunter zur **Gerichtsherrenalm**, 1663 m.
Von hier steigen wir dem steilen Waldweg oder bequemer dem Alm-Fahrweg folgend hinunter zum Talboden, den wir unweit der Schlepplift-Talstation in **Trins** wieder erreichen.

32 Eggerberg, 2282 m, und Leitnerberg, 2309 m

Sanfte Grasberge zwischen Gschnitz und Obernberg

Nösslachjochhütte – Nösslachjoch – Eggerberg – Leitnerberg (– evtl. Leitnerjoch – Lichtsee) und zurück

Talort: Steinach, 1048 m.
Ausgangspunkt: Nösslachjochhütte, 2020 m, Bergstation der Bergeralm-Bahnen (2 Sektionen von Steinach).
Parkmöglichkeit: An der Talstation.
Gehzeiten: Nösslachjochhütte – Eggerberg 1 Std., Eggerberg – Leitnerberg ½ Std., Leitnerberg – Lichtsee ½ Std. Rückweg 1½ Std. Gesamtzeit 3½ Std.
Anforderungen: Gute bez. Wege und Steige.
Höchste Punkte: Eggerberg, 2282 m, Leitnerberg, 2309 m.
Höhenunterschied: Ca. 500 Hm.
Einkehrmöglichkeit: An der Liftstation.
Sehenswertes: Weite Almen und kleine Seen, die Felsberge von Serles- und Tribulaunkamm in mittlerer Entfernung.

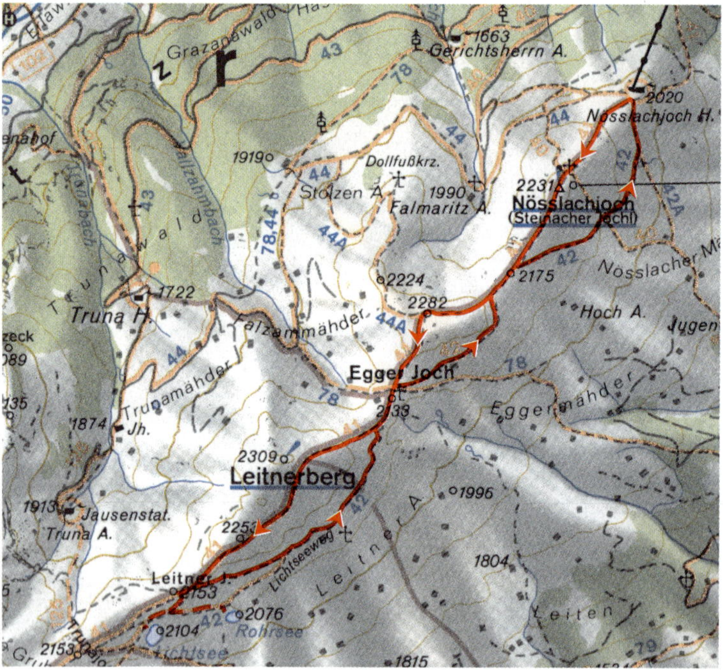

Auf dem Leitnerberg, im Hintergrund der Habicht.

Der Weg über die weiten, schönen Grasberge zwischen Gschnitz- und Obernbergtal ist zu allen Jahreszeiten lohnend, nach Lust und Laune kann man ihn bis zu dem besonders schön gelegenen Lichtsee über Obernberg ausdehnen oder auch schon vorher umkehren.
Von der **Nösslachjochhütte** gewinnen wir zunächst die Kuppe des **Nösslachjochs**, 2231 m (auch Steinacher Joch), der erste in der Reihe sanft gerundeter Gipfel auf dieser Tour. Der Weg führt nun stets auf der Kammhöhe über den **Eggerberg**, hinab ins Eggerjoch, 2133 m, hinauf zum **Leitnerberg** und hinunter ins **Leitnerjoch**, 2153 m. Von hier gelangt man an der Südseite des Kamms kurz hinab zu den zwei netten kleinen Seen, dem **Lichtsee** und dem Rohrsee, in 2104 und 2076 m Höhe.
Auf dem Rückweg wandern wir den »Lichtseeweg« entlang, der unter Umgehung der Gipfel in gleich bleibender Höhe an der Süd- und Südostseite des Kamms zurück zur Lift-Bergstation führt.

33 Lichtsee, 2104 m, und Trunajoch, 2153 m

Idyllischer Bergsee auf weiten Almböden

Obernberg – Lichtsee – Trunajoch – Kastnerbergalm – Innerthal – Obernberg

Der Lichtsee gegen den Tuxer Hauptkamm.

Talort/Ausgangspunkt: Ortsmitte von Obernberg, 1393 m, beim Ghs. Spörr.
Parkmöglichkeit: Im Ort.
Gehzeiten: Obernberg – Lichtsee 2 Std., Lichtsee – Trunajoch ½ Std., Abstieg über Kastenalm nach Innerthal und Obernberg 2½ Std. Gesamtzeit 5 Std.
Anforderungen: Bez. Steige und Wege.
Höchste Punkte: Lichtsee, 2104 m, Trunajoch, 2153 m.
Höhenunterschied: 600 Hm.
Einkehrmöglichkeit: Nur in Obernberg.
Sehenswertes: Der Lichtsee, in einzigartiger Lage im Angesicht der Tribulaune und des Tuxer Hauptkamms, vgl. hierzu auch Tour 32.

Der Lichtsee ist einer der schönsten Bergseen Tirols. Er liegt fast auf der Kammhöhe zwischen Gschnitz- und Obernbergtal auf weiten, grasigen Böden, gegenüber stehen die eisstarrenden Gipfel des Tuxer Hauptkamms,

Fußstein, Olperer und Schrammacher, südl. beeindrucken der von Wäldern umrahmte Obernberger See im Hintergrund des Obernbergtals und die Felswildnis der Tribulaune. Da die Wanderung über freie Südhänge verläuft, ist sie eher für den kühleren Herbst zu empfehlen.
Der mit Nr. 125 bez. Weg zweigt in der Ortsmitte von **Obernberg** (beim Ghs. Spörr) nach rechts ab und führt ziemlich steil und gerade zum **Lichtsee** hinauf, von dem man in kurzer Zeit westw. zum Trunajoch gelangt, wo der Blick sich nach Norden auf Gschnitztal und Habicht/Serleskamm weitet.
Vom See führt der bez. Almsteig südwestw. hinab zu den Hütten der **Kastnerbergalm**, 1743 m, von wo man auch auf dem breiten Fahrweg ins hintere Obernbergtal absteigen kann. Der Fußweg führt von der Alm unmittelbar zum Talboden hinunter, den man bei der Häusergruppe von **Innerthal** erreicht. Von dort geht es der Talstraße entlang nach **Obernberg** zurück.

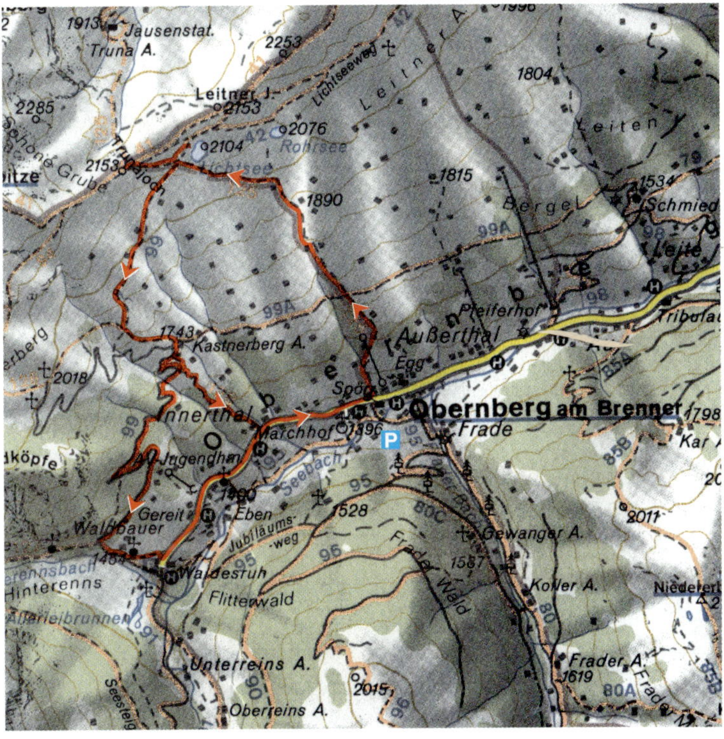

34 Obernberger See, 1590 m, und Wildgrube

Schöne Runde um einen lauschigen Waldsee

Ghs. Waldesruh – Ghs. Obernberger See – Seesteig – Innere und Äußere Wildgrube – Ghs. Waldesruh

Talort: Obernberg, 1393 m.
Ausgangspunkt: Das Ghs. Waldesruh, 1450 m, am Ende der öffentlich befahrbaren Straße, 2 km hinter Obernberg, Busendstation.
Parkmöglichkeit: Beim Ghs. Waldesruh (Parkgebühr).
Gehzeiten: Ghs. Waldesruh – Obernberger See ½ Std., um den See, in die Innere Wildgrube 1½ Std., zurück zum Ghs. Waldesruh ½ Std. Gesamtzeit 2½ Std.
Anforderungen: Flache, gut beschilderte Waldwege.
Höchste Punkte: Obernberger See, 1590 m, Innere Wildgrube, ca. 1700 m.
Höhenunterschied: 300 Hm.
Einkehrmöglichkeit: Ghs. Obernberger See.
Sehenswertes: Der von dichtem Wald und großen Felsblöcken eingerahmte Bergsee, überragt vom Obernberger Tribulaun.

Der Obernberger See ist in seiner Art in den Stubaier Alpen, ja fast in Tirol einzigartig, umrahmt von dichten, dunklen Wäldern und mächtigen Felsblöcken, die Halbinsel, die ihn in zwei Teile teilt, gekrönt von einer kleinen Kapelle, im Westen überragt von den schroffen Abstürzen des Obernberger

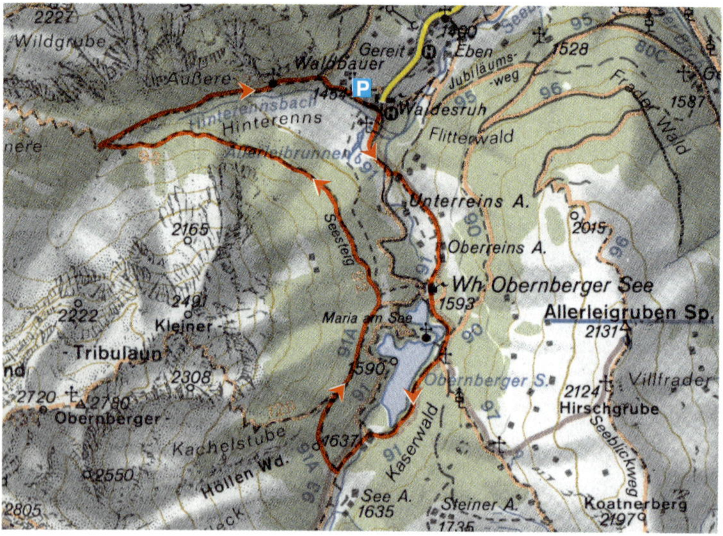

Das Wirtshaus am Obernberger See.

Tribulauns, der den Talschluss beherrscht, im Osten die sanfteren Wald- und Wiesenberge Allerleigrubenspitze, Koatnerberg, Geierskragen und Grubenkopf.
Vom **Ghs. Waldesruh** gelangt man in ½ Std. zunächst auf dem Fahrweg (für private Pkw gesperrt), dann über den Fußweg, vorbei an der Unterreinsalm zum **Ghs. Obernberger See**, 1593 m, das am nördlichsten Zipfel des Sees steht. Ein guter Weg führt nahe dem Ufer um den See herum.
Wer noch etwas weiter wandern möchte, hält sich vom Südende des Sees weiter am Bach entlang talein, bis sich nach einem kurzen Waldstück die Weiden der Seealm öffnen. Am nördl. Waldrand zweigt man rechts ab und folgt dem so genannten **Seesteig** westl. über dem See durch den Wald nach Norden, biegt allmählich um das Tribulaunmassiv herum nach Westen ins einsame Hochtal der **Inneren und Äußeren Wildgrube**, wo man auf den Weg zum Gstreinjöchl trifft. Diesem Weg folgen wir talaus, dem Hinterennsbach entlang, am Waldbauern vorbei zurück zum **Ghs. Waldesruh**.

35 Hoher Lorenzen, 2315 m

Auf der Scheitelhöhe zwischen Nord und Süd

Ghs. Waldesruh – Obernberger See – Portjoch – Grubenjoch – Sandjöchl – Hoher Lorenzen – Allerleigrubenspitze – Ghs. Waldesruh

Talort: Obernberg, 1396 m.
Ausgangspunkt: Das Ghs. Waldesruh, 1450 m.
Parkmöglichkeit: Beim Ghs. Waldesruh (Parkgebühr).
Gehzeiten: Waldesruh – Portjoch 2 Std., Übergang zum Hohen Lorenzen 2 Std., Abstieg 2½ Std. Gesamtzeit 6½ Std.
Anforderungen: Durchwegs gut bez. Wege und Steige. Für die gesamte Runde ist Ausdauer erforderlich. Diese wegen der Länge recht anspruchsvolle Wanderung kann man etwas abkürzen, wenn man vom Sandjöchl unmittelbar wieder zum Obernberger See absteigt.
Höchster Punkt: Hoher Lorenzen, 2315 m.
Höhenunterschied: 1000 Hm.
Einkehrmöglichkeit: Ghs. Obernberger See.
Sehenswertes: Außergewöhnlich schöne und immer wieder wechselnde Rundsicht auf die Bergwelt nördl. und südl. des Alpenhauptkamms und auf diesen selbst.

Der Inbegriff einer Bergwanderung: ein See, Wälder, Almen, Alpenblumenpracht (vorausgesetzt, man ist im Frühsommer unterwegs), rundum schroffe Felsberge und wilde Gletschergipfel – und selbst ist man stets auf angenehmen Steigen unterwegs.
Vom **Ghs. Waldesruh** wie in Tour 34 zum Südende des **Obernberger Sees**. Von dort wandern wir weiter südw. talein, vorbei an der Seealm, 1635 m, und erreichen über eine steilere Stufe, bald über freie Matten, das **Portjoch**, 2110 m, und damit den hier grünen, sanft gewellten Alpenhauptkamm. Wir überschreiten die bedeutungslos gewordene Staatsgrenze kurz nach Süden und wandern auf der halb verfallenen italienischen Militärstraße ostw. im Bogen um den Grubenkopf herum ins **Grubenjoch**, 2196 m.

Der Obernberger See von Süden.

Wieder zurück auf österreichisches Gebiet und auf einem Steig den Geierskragen nördl. ins **Sandjöchl**, 2166 m (mit Sendemasten), umgehen. Nun steigen wir dem Kamm folgend zum **Hohen Lorenzen** mit Gipfelkreuz auf. Vom Gipfel kurz zurück nach Westen; dann geht es über den sanften begrünten Kamm nach Norden über Koatnerberg, 2197 m, und Hirschgrube, 2124 m, zur **Allerleigrubenspitze**, 2131 m. Der Abstieg erfolgt nach Norden, zuerst auf einem Steig, dann den weiten Kehren des Forstwegs folgend zum Talboden und kurz talein zurück zum **Ghs. Waldesruh**.

36 Sattelberg, 2113 m

An der Grenze, hoch über dem Brenner

Gries – Sattelalm – Sattelberg – Sattelalm – Vinaders – Gries

Talort/Ausgangspunkt: Gries am Brenner, 1185 m.
Parkmöglichkeit: Im Ortsgebiet Gries.
Gehzeiten: Gries – Sattelalm 1½ Std., Sattelalm – Sattelberg 1½ Std., Abstieg Sattelalm 1 Std., Abstieg Vinaders ¾ Std., zur Talstation ½ Std. Gesamtzeit 5¼ Std.

Anforderungen: Gute Waldwege, beschildert und bez.
Höchster Punkt: Sattelberg, 2113 m.
Höhenunterschied: 900 Hm.
Einkehrmöglichkeit: Sattelalm.
Sehenswertes: Die alte Siedlung von Vinaders mit Kirche.

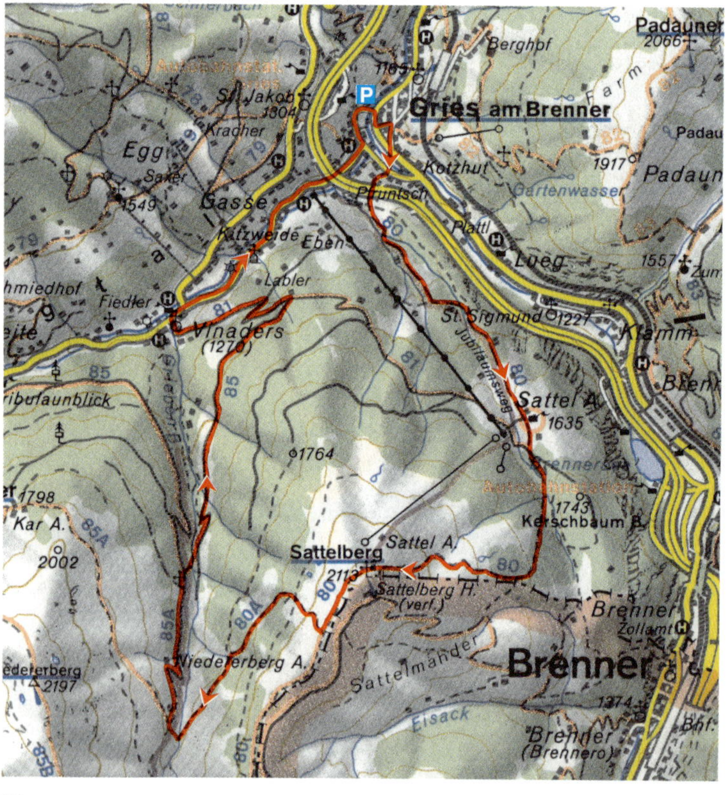

Der Sattelberg, vom Padauner Kogel aus gesehen.

Der Sattelberg, der erste Grenzberg westl. des Brenners und im Winter bei Skifahrern beliebt, bietet im Sommer ein nettes Wandergebiet.
Vom südl. Ortsende von **Gries** am Brenner erreicht man die **Sattelalm**, 1635 m, an der Bergstation des Sattelberglifts (Sommerbetrieb nur 6. Juli bis 8. Sept jeweils Mi., Sa., So. und Feiertags 9–12 Uhr und 13–17 Uhr) auf dem mit Nr. 4 bez. Weg. Von der Alm bzw. der Lift-Bergstation hält man sich kurz südw. in der Senke, steigt weiter südw. schräg am Hang des Sattelbergs an bis gegen die österreichisch-italienische Staatsgrenze, in deren Nähe nun der Steig westw. über die freien Hänge zum **Sattelberg** führt, von dem man eine schöne Aussicht auf den Zillertaler Hauptkamm genießt.
Zunächst auf dem gleichen Weg zur **Sattelalm** zurück. Auf dem breiten Waldweg (Bez. Nr. 81) nach **Vinaders** absteigen, einem kleinen, schon in alter Zeit besiedelten Ort im vorderen Obernbergtal, mit hübscher Kirche auf einer Anhöhe über dem Bach. Von Vinaders folgt man der Talstraße auswärts zurück zur Talstation des Sattelberglifts in **Gries** am Brenner.
Oder vom Sattelberg nach Westen und über die Steige und Wege Nr. 80, 80A, 85A und 85 durchs Tal des Grieberbachs hinunter nach Vinaders.

37 Padauner Kogel, 2066 m

Ausguck zwischen Stubaier und Zillertaler Alpen

Padauner Sattel – Padauner Kogel

Talort: St. Jodok am Brenner, 1129 m.
Ausgangspunkt: Padauner Sattel, 1570 m, aus dem Valser Tal von St. Jodok auf schmaler, steiler Straße erreichbar. Zu Fuß von St. Jodok 1½ Std.
Parkmöglichkeit: Am Sattel.
Gehzeiten: Aufstieg 1¼ Std., Abstieg ¾ Std. Gesamtzeit 2 Std.
Anforderungen: Gut markierte Steige, für Aufstieg (Nordseite) Trittsicherheit nötig.
Höchster Punkt: Padauner Kogel, 2066 m.
Höhenunterschied: 500 Hm.
Einkehrmöglichkeit: Ghs. Steckholzer am Padauner Sattel.
Sehenswertes: Trotz der geringen Höhe eindrucksvolle Rundsicht auf Stubaier und Zillertaler Berge.

An Luftlinie gerade 2 km von der großen Alpen-Transitstrecke über den Brenner entfernt, ist der Padauner Sattel mit dem originellen Ghs. Steckhol-

Blick auf Olperer, Fußstein, Schrammacher und Hohe Wand.

Das Valser Tal vom Padauner Kogel.

zer noch eine Welt für sich, in großer Abgeschiedenheit vom allgemeinen Trubel. Neben der ausgedehnteren Wanderung auf die Vennspitze bietet sich auch der Weg zum Padauner Kogel als kurzer, lohnender Ausflug an. Vom Parkplatz an der Straße etwas oberhalb vom Ghs. Steckholzer, 1570 m, zu diesem und rechts ab; auf einem schlechten Fahrweg geht es zwischen den Wiesen am **Padauner Sattel** nordostw. hinauf zum Waldrand und rechts haltend kurz auf einen Forstweg, dann auf einem markierten und beschilderten, aber teilw. ziemlich abschüssigen Steig zum Nordrücken des **Padauner Kogels** und steil auf diesen.
Der Abstieg (für weniger Trittsichere auch als Aufstieg empfohlen) erfolgt über den flachen, freien Südrücken, von diesem wendet sich der Steig zuletzt nach links steil hinunter und erreicht die Wiesen beim Larcherhof; auf dem Sträßchen geht es kurz zurück zum Ghs. Steckholzer.

38 Vennspitze, 2390 m, und Roßgrubenkofel, 2450 m

Aussichtsreiche Runde zwischen Venn- und Valser Tal

Padauner Sattel – Vennspitze – Roßgrubenkofel – Silleskogel – Sillalm – Padauner Sattel

Padauner Sattel und Vennspitze.

Talort: St. Jodok am Brenner, 1129 m.
Ausgangspunkt: Padauner Sattel, 1570 m, aus dem Valser Tal ein Stück innerhalb von St. Jodok auf schmaler, steiler Straße erreichbar. Zu Fuß von St. Jodok 1½ Std.
Parkmöglichkeit: Am Sattel.
Gehzeiten: Zur Vennspitze 2 Std., weiter zum Roßgrubenkofel 1 Std., Abstieg 2 Std. Gesamtzeit 5 Std.
Anforderungen: Gut markierte Steige, in der Gipfelüberschreitung Trittsicherheit.
Höchste Punkte: Vennspitze, 2390 m, Roßgrubenkofel, 2450 m.
Höhenunterschied: 900 Hm.
Einkehrmöglichkeit: Ghs. Steckholzer am Padauner Sattel.
Sehenswertes: Einsame Gipfelwanderung vor dem eindrucksvollen Panorama der Stubaier und Zillertaler Berge.

Vom selben Ausgangspunkt wie bei Tour 37 gelangen wir auf gut markierten Steigen in eine einsame Gipfelregion in unmittelbarer Nähe des schroff felsigen und vergletscherten Tuxer Hauptkamms.

Vom Parkplatz beim Ghs. Steckholzer wenden wir uns nach Süden und zweigen beim Wegweiser nach links ab, folgen der Markierung durch lichten Wald und über Weiden bergauf zum **Padauner Sattel**, wandern am linken Rand eines kleinen Wiesentals entlang und gelangen über eine Steilstufe zur Waldgrenze nach links hinüber in ein weiteres Wiesental und zum steileren Gipfelhang. Über diesen nach rechts zum Grat und zum Gipfel der **Vennspitze**. Der Gratübergang zum **Roßgrubenkofel** und weiter zum **Silleskogel**, 2418 m, erfolgt stets am Grat oder in dessen unmittelbarer Nähe auf Steig und Steigspuren.
Vom Silleskogel steigen wir durch die Roßgrube nach Nordwesten hinunter zur **Sillalm** und durch Wald zum Sträßchen, das man bei der obersten Kehre erreicht. Von hier leicht ansteigend zurück zum **Padauner Sattel**.

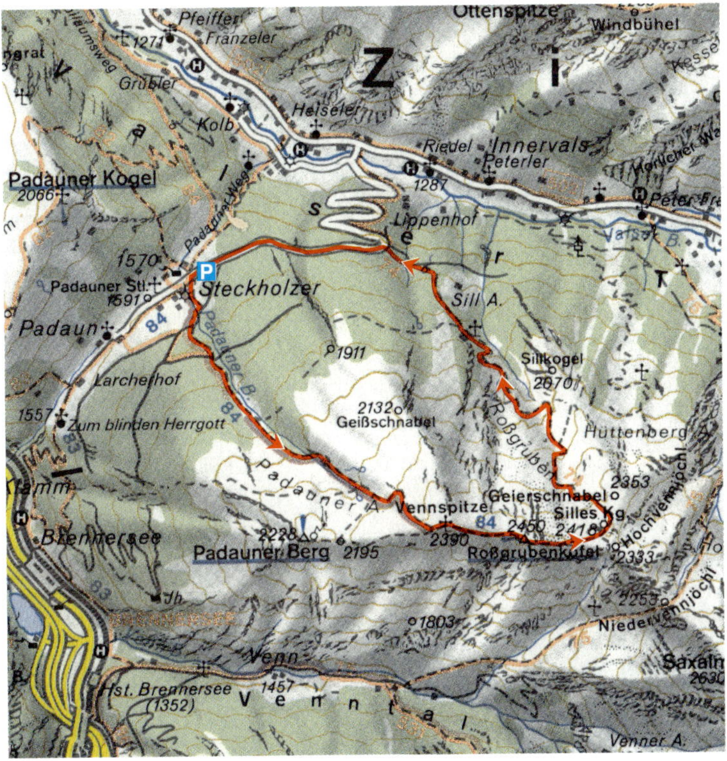

39 Geraer Hütte, 2326 m

Ein Amphitheater aus Fels und Eis

Ghs. Touristenrast – Geraer Hütte

Talort: Vals, ca. 1280 m.
Ausgangspunkt: Ghs. Touristenrast, 1345 m, einfache, urige Gastwirtschaft, Postauto-Endstation.
Parkmöglichkeit: Beim Ghs. Touristenrast (freiwillige Parkgebühr).
Gehzeiten: Zur Geraer Hütte 3½ Std., Abstieg 2½ Std. Gesamtzeit 6 Std.

Anforderungen: Bequemer, gut bez. Hüttenweg.
Höchster Punkt: Geraer Hütte, 2326 m.
Höhenunterschied: 1000 Hm.
Einkehrmöglichkeiten: Ghs. Touristenrast, Geraer Hütte.
Sehenswertes: Fels- und Eispanorama des Tuxer Hauptkamms.

Auf dieser Wanderung nähert man sich durch den Talschluss des Valser Tals und im Aufstieg zur Hütte dem gewaltigen Halbrund aus Fels und Eis, das die West-, Nordwest- und Nordabstürze von Fußstein, Schrammacher, Sagwand, Sagzahn und Hoher Warte bilden, eine der eindrucksvollsten Bergkulissen Tirols.

Am Ende des weiten, grünen Talbodens des inneren Valser Tals folgen wir vom **Ghs. Touristenrast** dem breiten Almweg talein, vorbei an einer Kapelle, an der Flittneralm, 1398 m, der Kaseralm und der Altereralm, 1602 m, hinter der im Talschluss der Fahrweg endet. Hier beginnt der eigentliche Hüttenweg zur Geraer Hütte, der nach links, zunächst durch Wald, dann über die weiten Almböden der Alpeiner Alm in unzähligen weiten Kehren emporführt. Große Teile des Wegs sind aus Steinplatten und -blöcken gefügt, und die gleich bleibend flache Steigung erinnert an die Eisenbahntrassen aus dem letzten Jahrhundert. Oberhalb der Almhütten wendet sich der Weg nach Süden, quert zwei Bäche und erreicht die schon lange sichtbare **Geraer Hütte**. Wer noch munter ist, kann auf einem der von der Hütte ausgehenden Wege ein Stück weiter in die Gletscherwelt vordringen, etwa auf dem Olpererweg gegen den Wildlahnergrat an die Zunge des

Olpererferners oder zum Steinernen Lamm (vgl. Tour 41), oder aber gegen die Alpeiner Scharte zu wandern, den Übergang in den Zamser Grund. Der Abstieg erfolgt auf gleichem Weg.

Geraer Hütte gegen den Fußstein.

40 Rauher Kopf, 2150 m

Ein einsamer Winkel im mittleren Schmirntal

Schmirn – Zirma-Alm – Rauher Kopf – Kalte Herberge – Schmirn

Talort: Schmirn, 1405 m.
Ausgangspunkt: Ortsteil Egg, beim Ghs. Jenewein.
Parkmöglichkeit: In Schmirn.
Gehzeiten: Schmirn – Rauher Kopf 2 Std., Rückweg über die Kalte Herberge 2 Std. Gesamtzeit 4 Std.
Anforderungen: Gute, markierte Wald- und Almwege.
Höchster Punkt: Rauher Kopf, 2150 m.
Höhenunterschied: 650 Hm.
Einkehrmöglichkeit: Nur in Schmirn.
Sehenswertes: Das Wallfahrtskirchlein zur Kalten Herberge, 1572 m; vom Ort führt ein Kreuzweg dorthin, den man auf der hier vorgeschlagenen Route in umgekehrter Richtung begeht. Das sehr schön auf einer kleinen Waldlichtung gelegene Kirchlein wurde von Leuten aus Schmirn unter der Leitung von Franz Riedl im Jahr 1773 erbaut. In der heutigen Form besteht es seit dem Jahr 1838.

Wie wenige andere Tiroler Täler ist das Schmirntal von der rasanten Entwicklung des Tourismus weitgehend unberührt geblieben. Auch diese Wanderung im mittleren Teil des Tals führt durch stille Wälder und über ein-

Schmirn mit Pfarrkirche.

same Almwiesen, vorbei an dem idyllisch gelegenen Wallfahrtskirchlein zur Kalten Herberge.
Man verlässt in **Schmirn** im Ortsteil Egg die Talstraße knapp westl. vom Ghs. Jenewein nach Süden, überquert den Bach und steigt am jenseitigen Hang dem mit Nr. 68 bez. Weg an. Man zweigt von diesem aber bald nach links ab und gelangt, weiter auf dem nun mit Nr. 71 bez. Waldweg, zur **Zirma-Alm**, 1848 m, einer kleinen Almhütte am Waldrand, von der aus der auffällige, kleine, dem eigentlichen Kamm vorgelagerte Rauhe Kopf schon sichtbar ist. Auf undeutlichen Steigspuren über das freie Gelände in die Scharte südl. des Gipfels und kurz auf den **Rauhen Kopf** (mit Kreuz).
Am Anstiegsweg zurück, bis man auf den ersten quer zum Hang verlaufenden Forstweg trifft. Diesem folgt man nach rechts und gelangt unmittelbar zum Kirchlein **Kalte Herberge**, 1572 m. Von hier folgt man dem Fußweg und später der Fahrstraße durch die Siedlung zurück nach **Schmirn**, das man bei der Kirche erreicht. Kurz der Straße entlang auswärts nach Egg.

41 Schöberspitzen, 2602 m, und Steinernes Lamm, 2528 m

Aus dem Schmirntal gegen den Tuxer Hauptkamm

Toldern – Wildlahner – Ramsgrubensee – Schöberspitzen – Steinernes Lamm – Wildlahnertal – Toldern

Talort: Schmirn, 1405 m.
Ausgangspunkt: Toldern, 1480 m, Häusergruppe in der Talweitung an der Einmündung des Wildlahnertals, sehr schön gelegen mit Blick auf den Fußstein und den Olperer.
Parkmöglichkeit: An der Talstraße, wo der Fahrweg ins Wildlahnertal abzweigt (Fahrverbot).
Gehzeiten: Toldern – Schöberspitzen 4 Std., zum Steinernen Lamm 1 Std., Rückweg nach Toldern 2 Std. Gesamtzeit 7 Std.
Anforderungen: Lange Wanderung; vom See bis in die Kleegrubenscharte weglos, im Aufstieg etwas mühsam, aber unschwierig; Aufstieg zur Südlichen Schöberspitze leichte Kletterei. Weiterweg wieder bez., leicht.
Höchste Punkte: Schöberspitzen, 2602 m, Steinernes Lamm, 2528 m.
Höhenunterschied: 1200 Hm.
Einkehrmöglichkeit: Ghs. Olpererblick in Toldern.
Sehenswertes: Der wunderschön gelegene Ramsgrubensee; die Gletscher- und Felswildnis von Olperer, Kaserer und Fußstein; die Almen im Wildlahnertal.

Auch diese Wanderung führt uns in abgelegenste, einsame Winkel zwischen Bergbauernhöfen, Almen und felsigen Höhen.
Von **Toldern** auf dem breiten Fahrweg vorbei an den Höfen von **Wildlahner** ins Wildlahnertal. Kurze Zeit später zweigt bei einem Wegekreuz der mar-

Die Schöberspitzen von Osten.

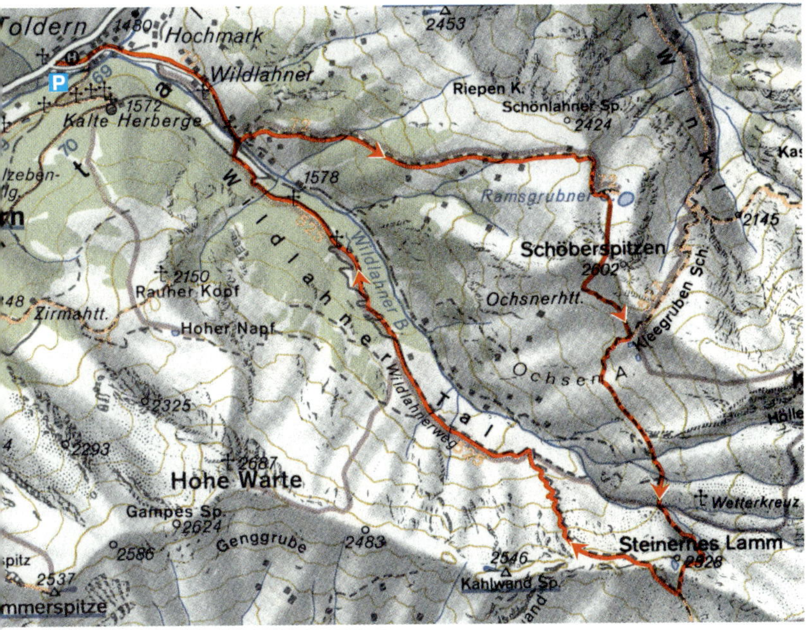

kierte Almsteig in die Ramsgrube ab. Auf ihm durch Wald und später über Bergmähder auf die weiten grünen Böden nördl. unter den Schöberspitzen und zum auffallend runden **Ramsgrubensee**. Der weitere Aufstieg erfolgt vom See über die grobe Blockhalde (Steigspuren, mühsam) in die Scharte zwischen den beiden von hier aus sehr schroff wirkenden **Schöberspitzen**. Die Nördliche kann aus der Scharte im Bogen nach Nordwesten unschwierig über einen steilen Grashang erstiegen werden. Die Besteigung der etwas niedrigeren Südlichen Spitze erfordert leichte Kletterei (einige ausgesetzte Stellen). Man hält sich von der Scharte weg stets am Grat.

Aus der Scharte zwischen den Spitzen kurz nach Westen über die Wiesen absteigen und über das wellige Gelände (Steigspuren) nach Süden (links), bis man auf den Weg trifft, der von der Kleegrubenscharte zum Steinernen Lamm führt (Nr. 527). Man folgt ihm über dem hintersten Wildlahnertal nach Süden und steigt kurz hinauf zum **Steinernen Lamm**, 2528 m, dem Übergang ins Valser Tal.

Auf dem Wildlahnerweg (Nr. 525) hinunter ins **Wildlahnertal** und an einigen schön gelegenen Almen vorbei hinaus nach **Toldern**.

42 Frauenwand, 2541 m

Im Angesicht der Gefrorenen Wand

Kasern – Tuxer Joch – Tuxer-Joch-Haus – Frauenwand – Kasern

Talort: Schmirn, 1405 m.
Ausgangspunkt: Kasern, 1620 m, die letzte Dauersiedlung im Schmirntal, Ghs. Kasern im Sommerhalbjahr geöffnet.
Parkmöglichkeit: Beim Ghs. Kasern.
Gehzeiten: Kasern – Tuxer-Joch-Haus 2½ Std., zur Frauenwand ½ Std., Abstieg nach Kasern 1½ Std. Gesamtzeit 4½ Std.
Anforderungen: Gut bez. Wege und Steige.
Höchste Punkte: Tuxer Joch, 2338 m, Frauenwand, 2541 m.
Höhenunterschied: 900 Hm.
Einkehrmöglichkeiten: Ghs. Kasern, Tuxer-Joch-Haus.
Sehenswertes: Am Tuxer Joch stoßen die Tuxer Voralpen an den Tuxer Hauptkamm der Zillertaler Alpen; wir befinden uns in unmittelbarer Nähe des vergletscherten Hochgebirges. Der stille, weltabgeschiedene Talgrund von Kasern, der Kaserer Winkel, lohnt einen Ausflug.

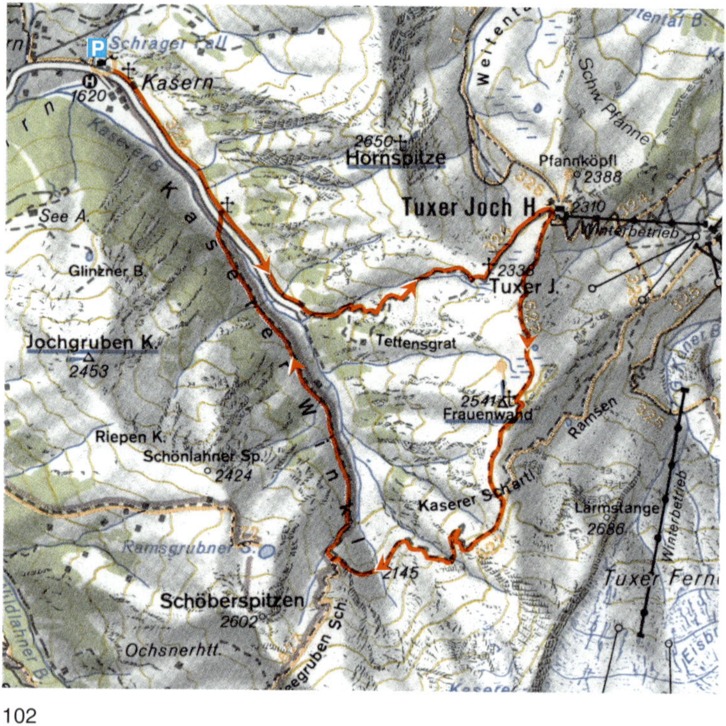

Tuxer Joch mit Riffler und Gefrorener Wand.

Kasern, die hinterste Siedlung im Tal, liegt im weiten flachen Talschluss unter der dunklen Nordflanke des Kleinen Kaserers, mit dem kleinen, noch in der originalen Gestalt von 1902 erhaltenen Ghs., zwei Bauernhöfen und einem Wasserfall über die steile, felsige Talflanke.
Der Aufstieg vom **Kasern** zum Tuxer-Joch-Haus ist kaum zu verfehlen; wir gehen auf dem breiten Weg nach Süden talein. Wo er endet, zweigt gut bez. der Hüttensteig nach links ab und führt zuerst südl., dann nördl. des Bachs durch den vom **Tuxer Joch** herunterziehenden Graben empor. Jenseits über die Hochfläche wenig absteigend zum **Tuxer-Joch-Haus**, 2310 m.
Der Weiterweg zur **Frauenwand** folgt dem Weg (Nr. 527) nach Süden in Richtung Steinernes Lamm/Geraer Hütte. Bald erreichen wir die flache Kuppe mit Kreuz. Weiter führt der Weg über den Kamm ins Kaserer Schartl und, die Hänge querend, über den hintersten Talgrund des Kaserer Winkels. Steil hinab in diesen und hinaus zurück nach **Kasern**.

43 Hochgeneiner Jöchl, 1981 m

Das Sonneneck über dem Schmirntal

Schmirn (Rohrach) – Hochgeneinerhof – Hochgeneiner Jöchl

Der Hochgeneinerhof.

Talort: Schmirn, 1405 m.
Ausgangspunkt/Parkmöglichkeit: Weiler Egg, beim Ghs. Jenewein.
Gehzeiten: Aufstieg 2½ Std., Abstieg 1½ Std. Gesamtzeit 4 Std.
Anforderungen: Fahrweg, zuletzt guter Steig zum Joch.

Höchster Punkt: Hochgeneiner Jöchl, 1981 m.
Höhenunterschied: 500 Hm.
Einkehrmöglichkeit: Nur in Schmirn.
Sehenswertes: Klassische Berg-Landwirtschaft mit alten Höfen, steilen Wiesen und »geländegängigem« Almvieh.

Während manche Teile des Schmirntals im Winter drei bis vier Monate ganz ohne Sonne auskommen müssen, hat es der Bauer von Hochgenein besser: Selbst im Hochwinter kommt er auf sieben Stunden Sonnenscheindauer, und im Sommer gedeihen hier auf 1639 m prächtige Zucchini, wahrscheinlich die höchst gewachsenen Zucchini von Tirol. Um den höchst ge-

legenen Hof weit und breit ranken sich allerlei Sagen von schönen Witwen und ungemein starken Männern.
Die Zufahrt bis zum Hof ist gestattet, aber nur nervenstarken Fahrern anzuraten. Schöner ist die Fußwanderung vom Ghs. Jenewein in **Schmirn** talaus; es geht bald von der Hauptstraße ab und noch ein kurzes Stück auf der alten Talstraße weiter, dann bei einem Wegweiser rechts ab und in einigen Kehren dem Fahrweg folgend über steile Wiesen und durch Wald, vorbei an einigen Höfen, hoch über dem Tal hinaus nach Hochgenein. Vor dem **Hochgeneinerhof** rechts ab und durch Wiesen und ein Waldstück auf die oberen Almwiesen und über sie bald empor auf das **Hochgeneiner Jöchl**, den Übergang ins Padastertal. Linker Hand der in der Karte so bez. P. 1981 m, rechts das Gipfelkreuz.
Der nächste Gipfel im Kamm, der Sumpfkopf, 2341 m, ist für gute Geher in 1 Std. vom Joch bequem erreichbar.
Der Abstieg erfolgt auf gleichem Weg.

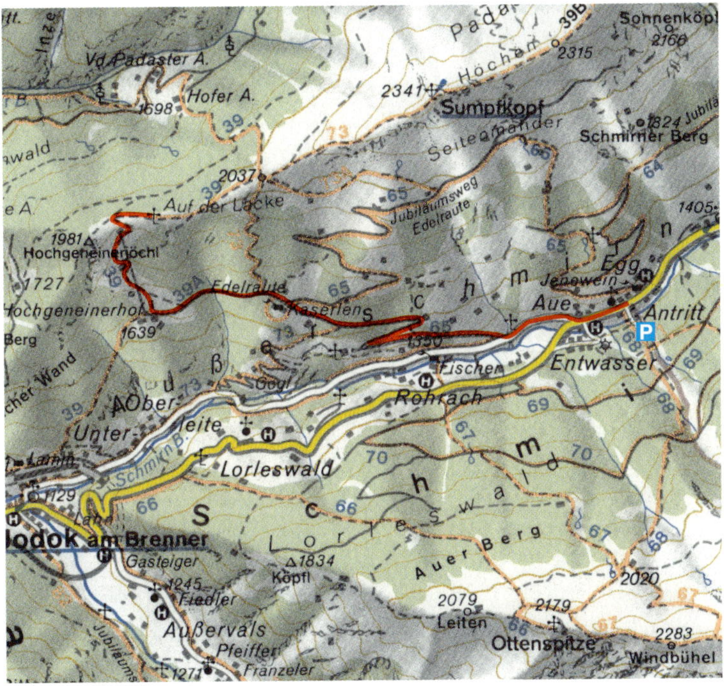

44 Schafseitenspitze, 2602 m

Schroffer Gipfel über uriger Almlandschaft

Navis – Suntiger – Schafseitenspitze – Navis

Talort: Navis, 1340 m.
Ausgangspunkt/Parkmöglichkeit: In der Ortsmitte.
Gehzeiten: Aufstieg 4 Std., Abstieg 2½ Std. Gesamtzeit 6½ Std.
Anforderungen: Ausdauer und Trittsicherheit erforderlich.
Höchster Punkt: Schafseitenspitze, 2602 m.
Höhenunterschied: 1300 Hm.
Einkehrmöglichkeit: Nur in Navis.
Sehenswertes: Die urtümlichen Almlandschaften und vom Gipfel eine sehr schöne Rundsicht.

Diese Tour zählt unter den in diesem Buch vorgestellten Wanderungen zu den anspruchsvolleren; der Gipfel fällt schroff nach allen Seiten ab, der Weg ist steil und streckenweise mehr vom Almvieh als vom Touristenschuh geprägt, an einigen Stellen muss man gut aufpassen, ihn nicht zu verlieren.
Vom Platz beim Gemeindeamt in **Navis** kurz auf dem Fahrweg ins Weirichtal, bald nach rechts ab, dem Weg Nr. 326 und dem Wegweiser »Bendel-

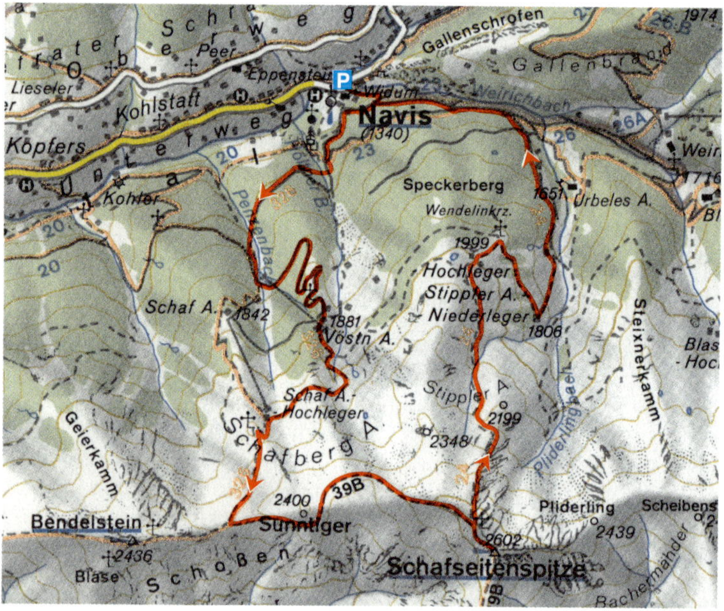

Der felsige Gipfelaufbau der Schafseitenspitze.

stein« folgen. Zunächst am Hang talaus über zwei Bäche, dann steiler am Almweg zur urigen Vöstn-Alm, 1881 m, und über die freien Hänge zur Kammhöhe. (Gipfelsammler können von hier westw. in einer ½ Std. den Bendelstein erreichen.) Wir halten uns am Kamm links, ostw., und erreichen über den grasigen **Suntiger** die über schrofigen und felsigen Steilflanken aufragende **Schafseitenspitze**. Das Kreuz steht auf dem etwas niedrigeren Nordgipfel.

Vom Gipfel am Grat kurz abwärts, dann den Markierungen fast weglos folgend über den sehr steilen Nordgrat hinab und weiter teils weglos, teils auf ziemlich wilden Almsteigen zur Stippler-Alm, 1999 m. Direkt bei der Almhütte vorbei und auf zunächst undeutlichem, später gut ausgeprägtem Steig kurz nordw., dann im Bogen nach Süden ins Tal des Pliderlingbachs. Auf guten Almwegen talaus zurück nach **Navis**.

45 Naviser Kreuzjöchl, 2536 m

Im Herzen der Tuxer Voralpen

Navis – Naviser Hütte – Naviser Kreuzjöchl – Poltenalm – Navis

Talort: Navis, 1340 m.
Ausgangspunkt: Abzweigung des Fahrwegs zur Naviser Hütte vom Talweg; von der Kirche in Navis noch etwa 1 km auf der Straße im Talgrund einwärts, bis der Fahrweg nach rechts in den Wald hinauf abbiegt (Wegweiser).
Parkmöglichkeit: An der Abzweigung (Parkgebühr).
Gehzeiten: Abzweigung – Naviser Hütte 1½ Std., aufs Kreuzjöchl 2 Std., Abstieg über die Poltenalm 2 Std. Gesamtzeit 5½ Std.
Anforderungen: Gute bez. Wege und Steige.
Höchster Punkt: Kreuzjöchl, 2536 m.
Höhenunterschied: 1200 Hm.
Einkehrmöglichkeiten: Naviser Hütte, Stöcklalm, Poltenalm.
Sehenswertes: Schöne Ausblicke auf den Tuxer Hauptkamm und die höchsten Erhebungen der Tuxer Voralpen, Geierspitze, Reckner und Lizumer Sonnenspitze, ein geologisch interessanter kleiner Gebirgsstock, aus den verschiedensten Gesteinsarten zusammengesetzt.

Das hinterste Navistal bietet eine Anzahl von schönen und nicht zu überlaufenen Wanderungen zu den umgebenden Gipfeln, zum Naviser Kreuzjöchl auch mit einer ganzen Reihe von Gastwirtschaften am Wegesrand.

Der grüne Gipfel des Kreuzjöchls.

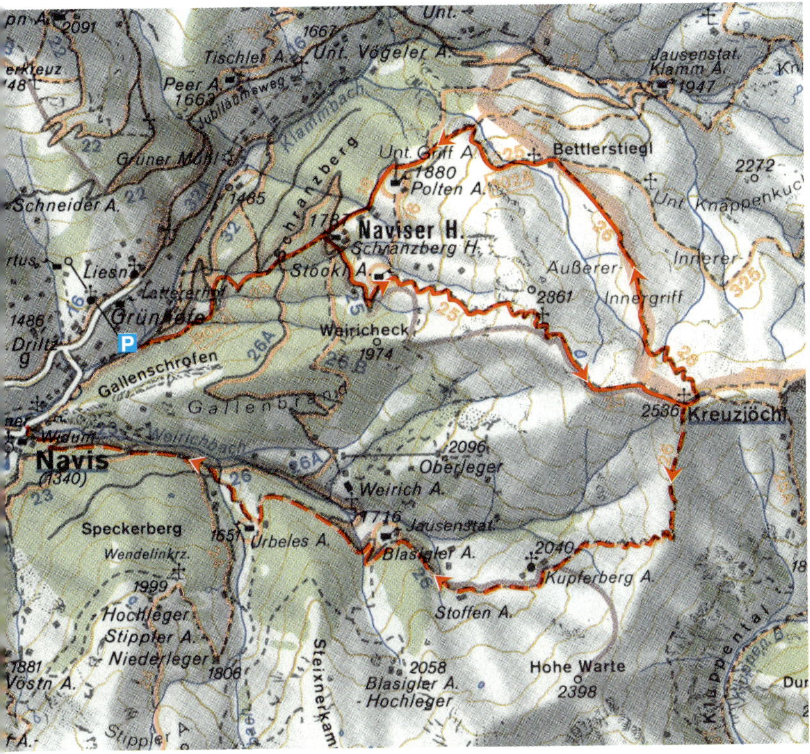

Vom Parkplatz an der Abzweigung in **Navis** auf dem Fußweg, der die Kehren des Fahrwegs abschneidet, hinauf zur **Naviser Hütte** auf dem Schranzberg, 1777 m. Hier hält man sich rechts, südostw., über die Weiden zur Stöcklalm und schließlich immer steiler empor auf den breiten begrünten Kamm, über den man zum **Naviser Kreuzjöchl** gelangt.

Für den Abstieg wandert man entweder kurz am Aufstiegsweg zurück, dann rechts ab, durch die Nordflanke des Kreuzjöchls und zuletzt nach links über die **Poltenalm**, 1880 m (Gastwirtschaft), zurück zur Naviser Hütte.

Oder vom Gipfel nach Süden ins erste Joch und über die weiten Böden der Kupferberg- und Stoffenalm zur Jausenstation Blasigler Alm, 1716 m, und weiter über die Urbeles- oder die Weirich-Alm talaus nach **Navis**. (In diesem Fall besser im Ort parken!)

46 Nördliche Schoberspitze, 2448 m

Zwischen Navis- und Wattental

Liesn – Peeralm – Grafmartalm – Mölsjoch – Nördliche Schoberspitze – Klammjoch – Klammalm – Peeralm – Liesn

Talort: Navis, 1340 m.
Ausgangspunkt: Liesn, 1510 m, die letzten Höfe nordöstl. über Navis, auf guter Straße von der Kirche talein, bald nach links auf der Brücke über den Bach und steil durch Wiesen hinauf.
Parkmöglichkeit: Am Waldrand über Liesn (gebührenpflichtig).
Gehzeiten: Liesn – Peeralm ½ Std., Peeralm – Grafmartalm 1½ Std., Übergang zum Klammjoch 2 Std., Abstieg nach Liesn 2½ Std. Gesamtzeit 6½ Std.
Anforderungen: Gut bez. Almwege; beim Abstieg von der Mölser Sonnenspitze abschüssige Stellen – man kann den Gipfel auch südseitig umgehen.
Höchste Punkte: Mölsjoch, 2334 m, Nördliche Schoberspitze, 2448 m, Klammjoch, 2359 m.
Höhenunterschied: 950 Hm.
Einkehrmöglichkeiten: Peeralm, Klammalm.
Sehenswertes: Schöne alte Bergbauernhöfe im Navistal; der Talhintergrund mit den Tarntaler Bergen (geologisch sehr interessant).

Naviser Sonnenspitze und Schoberspitze von Süden.

In weitem Bogen umrundet diese Wanderung den hintersten Grund des Navistals, östl. davon die auffälligen kleinen Felsgestalten der Tarntaler Berge. Von den Höfen von **Liesn** wandert man, am steilen Hang durch Wald und Wiesen in gleichmäßiger Steigung, auf dem breiten Almweg zur **Peeralm**, 1663 m. Von dort geht es nach links über die weiten freien Hänge und Böden auf breitem Almweg über die Zeheter Alm hinauf zur **Grafmartalm**, 2161 m (in der Nähe hübsche kleine Seen). Nun nicht gerade weiter, sondern nach rechts, ostw., über die Böden unter das **Mölsjoch**, 2334 m, und auf dieses hinauf. Der nicht immer deutlich markierte Steig hält sich nun auf der Kammhöhe; man überschreitet die **Nördliche Schoberspitze** und die Erhebung der Mölser Sonnenspitze, von der man auf das **Klammjoch**, 2359 m, absteigt, dem besten Übergang zwischen Watten- und Navistal; aus der Wattener Lizum, einem Militärübungsplatz, führt eine Schotterstraße bis aufs Joch.

Vom Joch vorbei am Klammsee über die teils sumpfigen Wiesenböden nach Südwesten hinunter zur **Klammalm**, 1947 m (Steig teilw. undeutlich, auf Markierung achten!), wo sich der Talgrund tiefer einzuschneiden beginnt. Der Weg (Nr. 327) zurück nach Liesn hält sich zunächst am südl. Bachufer, wechselt aber bald auf das nördl. und quert am Sonnenhang stets leicht fallend talaus, bis man über die **Peeralm** den Aufstiegsweg wieder erreicht; auf ihm zurück nach **Liesn**.

47 Mislkopf, 2623 m

Ein großer Grasberg mit sonnigen Wiesen

Liesn – Seapnalm – Kreuzjöchl – Mislkopf – Wetterkreuz – Liesn

Talort: Navis, 1340 m.
Ausgangspunkt: Liesn, 1510 m, die letzten Höfe nordöstl. über Navis, auf guter Straße von der Kirche talein, bald nach links auf der Brücke über den Bach und steil durch Wiesen hinauf.
Parkmöglichkeit: Am Waldrand über Liesn (gebührenpflichtig).
Gehzeiten: Liesn – Seapnalm 1½ Std., zum Mislkopf 1½ Std., Abstieg nach Liesn 2½ Std. Gesamtzeit 5½ Std.
Anforderungen: Gut bez. Almwege und Steige.
Höchster Punkt: Mislkopf, 2623 m.
Höhenunterschied: 1100 Hm.
Einkehrmöglichkeit: Seapnalm.
Sehenswertes: Schöne Almböden hoch über dem Tal.

Warum die Berge über dem Navistal sich im Winter als Skiberge größter Beliebtheit erfreuen, das erkennt man auch im Sommer bei einer Wanderung über die weiten Wiesenhänge und Böden über dem Tal.
Vom Parkplatz oberhalb der Höfe von **Liesn** geht es zuerst auf dem Fahrweg Richtung Peeralm; bevor man diese erreicht, zweigt man bei einem

Blick von Süden auf den Mislkopf.

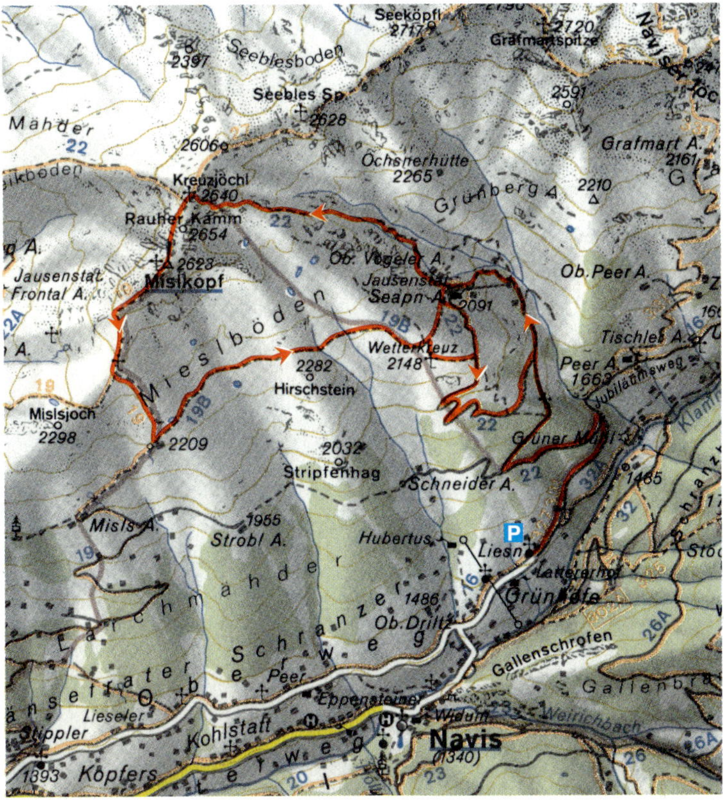

Wegweiser nach links ab und gewinnt auf dem Almweg durch Wald und bald über freies Gelände (hier Abkürzung auf Fußweg möglich) die **Seapnalm**, 2091 m, die im Sommer auch als Jausenstation bewirtschaftet ist. Der Weiterweg führt über die Hochweiden nordwestl. hinauf zum **Kreuzjöchl**, 2640 m, dem alten Übergang zur Pfoner Ochsenalm und ins Wipptal, und von hier kurz südl. über den groben Blockgrat zum **Mislkopf**.

Den Abstieg nehmen wir zuerst nach Süden über die weiten flachen Mieslböden und nach Osten zurück zum Aufstiegsweg, den wir knapp unterhalb der Seapnalm beim **Wetterkreuz** erreichen. Kurz hinab durch den Wald nach **Liesn**.

48 Rosenjoch, 2796 m

Weltabgeschieden im stillen Arztal

Oberellbögen – Arztalalm – Rosenjoch

Talort: Ellbögen, 1070 m.
Ausgangspunkt: Ortsteil Oberellbögen; die schmale, steile und kurvige Straße zweigt knapp südl. über dem tief eingeschnittenen Viggartal (Ortsteil Mühltal) von der Ellbögener Straße ab.
Parkmöglichkeit: Parkplatz auf ca. 1370 m, ab da Fahrverbot.
Gehzeiten: Zur Arztalalm 1½ Std., aufs Rosenjoch 2½ Std., Abstieg 3 Std. Gesamtzeit 7 Std.
Anforderungen: Zur Alm nette Fußwege, dann Steige, teils weglos.
Höchster Punkt: Rosenjoch, 2796 m.
Höhenunterschied: 1400 Hm.
Einkehrmöglichkeit: Almghs. Arztal.
Sehenswertes: Einsames Bergbauern- und Almenland hoch über dem Wipptal.

Im Arztal.

Je höher man von Mühltal auf dem Sträßchen nach Oberellbögen kommt, desto mehr verwundert es, an wie steilen Hängen und in welch extremer Lage hoch über dem Tal gebaut wurde. Beim Fahrverbot hinter den Schrötner-Höfen ist der letzte Hof noch nicht einmal erreicht.

Arztal, Blick talaus gegen das Wipptal.

Von **Oberellbögen** am Hinterlarcherhof vorbei und auf dem Fahrweg talein; bald halten wir uns aber an den alten Fußweg, der die Kehren des Fahrwegs abschneidet. Nach 1½ Std. ist der Niederleger der **Arztalalm** (auch Penzenbodenalm, Gastwirtschaft), auf 1900 m erreicht, nach einer weiteren ½ Std. der Oberleger, 2126 m. Von hier geht es steil am nördl. Talhang aufwärts, bald nach Osten in eine grüne Hochmulde, den Penzenboden, auch »Rosengarten« genannt, einen sagenumwobenen Platz. Den Gipfel des **Rosenjochs** erreichen wir zuletzt über Felstrümmer.
Abstieg auf gleichem Weg.

49 Meißner Haus, 1720 m

Von der alten Salzstraße ins Viggartal

St. Peter – Tarzens – Meißner Haus – Mühltal – St. Peter

Talort: St. Peter, 1070 m, Ortsteil der ausgedehnten Gemeinde Ellbögen.
Ausgangspunkt: In St. Peter, bei der Abzweigung der Fahrstraße nach Tarzens.
Parkmöglichkeit: In St. Peter; etwas beengt. Oder in Mühltal, von der Kehre im Talgrund kurz aufwärts, am Fahrverbot Parkplatz.
Gehzeiten: St. Peter – Meißner Haus 2½ Std., Rückweg 2 Std.; über die Profeglalm 2½ Std. Gesamtzeit 4½–5 Std.
Anforderungen: Gut bez. Almwege.
Höchste Punkte: Meißner Haus, 1720 m, Profeglalm, 1809 m.
Höhenunterschied: 800 Hm.
Einkehrmöglichkeit: Meißner Haus (ganzjährig bewirtschaftet), bescheidene Almwirtschaft auf der Profeglalm.
Sehenswertes: Die Zirbenwälder und Almböden des inneren Viggartals.

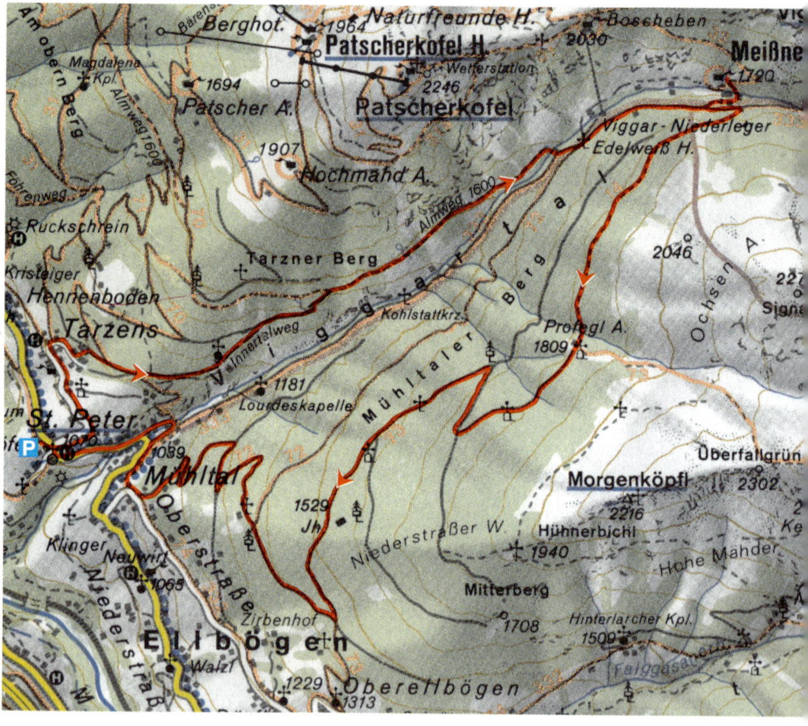

Ellbögen – St. Peter mit der Pfarrkirche.

Neben der Alpen-Haupttransversale über den Schönberg gab es schon seit alter Zeit eine zweite Straße aus dem Wipp- ins Inntal, von Matrei an der östl. Talseite über die Ortschaften Pfons und Ellbögen nach Patsch und über das südöstl. Mittelgebirge nach Hall. Hier wurde das Salz von Hall über den Brenner transportiert. Die Ellbögener Straße ist sehr kurvig und unübersichtlich geblieben, man muss immer auf überraschende Begegnungen mit dem entgegenkommenden Postbus gefasst sein.
Von **St. Peter** auf der Straße durch die Wiesen hinauf zum Weiler **Tarzens** und von dort auf dem Innertalweg stets ansteigend im Bogen ins Viggartal; man trifft auf den »Almweg 1600«, folgt ihm fast eben talein und gelangt, zuletzt dem Bach entlang, zum **Meißner Haus**.
Für den Rückweg folgt man am einfachsten dem Fahrweg durchs Tal hinaus, trifft beim Weiler **Mühltal** auf die Ellbögener Straße und kehrt auf ihr zurück nach **St. Peter**.
Ein etwas weiterer Weg zurück führt auf der Schattseite des Viggartals entlang: Vom Meißner Haus auf dem Weg Nr. 17 hinauf zur Profeglalm, 1809 m; Abstieg auf dem Almweg, dessen Kehren man zum Teil auf Fußsteigen abkürzt, hinunter nach Mühltal.

50 Patscherkofel, 2246 m

Auf den Innsbrucker Hausberg

Patsch – Heiligwasser – Patscher Alm – Hochmahdalm – Patscherkofel

Talort: Patsch, 908 m.
Ausgangspunkt: Ghs. Grünwalderhof, 1014 m, kurz nördl. außerhalb von Patsch an der Straße nach Igls bzw. Lans.
Parkmöglichkeit: Bei der Kreuzung.
Gehzeiten: Anstieg 3½ Std., Abstieg 2½ Std. Gesamtzeit 6 Std.
Anforderungen: Gute, markierte Wege.
Höchster Punkt: Patscherkofel, 2246 m.
Höhenunterschied: 1200 Hm.
Einkehrmöglichkeiten: Heiligwasser, Patscher Alm, Hochmahdalm, Patscherkofelhaus (Dr.-Josef-Prochaska-Haus), Ghs. an der Bahn-Bergstation, am Gipfel.
Sehenswertes: Wallfahrtskirchlein Heiligwasser; vom Gipfel schöne Rundsicht.

Das Patscherkofelhaus.

Wie alle Touren im Bereich des Patscherkofels ist auch diese Wanderung in Abstiegsrichtung gemütlicher, wir aber nehmen den anstrengenderen und lohnenderen Anstieg auf den Hausberg der Innsbrucker.

Der Patscherkofelgipfel von Osten.

Von der Straßenkreuzung in **Patsch** kurz nördl. des Grünwalderhofs erreichen wir auf dem bequemen Fahrweg in einer ½ Std. das hübsche barocke Wallfahrtskirchlein **Heiligwasser**, 1234 m, mit Ghs. (hierher auf guten Wegen auch von Igls oder Patsch). Auf dem Fußweg Nr. 33 geht es nun etwas steiler durch Wald, zuletzt wieder am breiteren Almweg hinauf zur **Patscher Alm**, 1694 m, und nach Süden ausholend zur **Hochmahdalm**, 1907 m, die schon fast an der Waldgrenze liegt. Kurz nach Norden hinaus zur Seilbahn-Bergstation mit Restaurant und der benachbarten Alpenvereinshütte und in 1 Std. zur breiten Gipfelkuppe des **Patscherkofels**.
Für den Abstieg bieten sich verschiedene Möglichkeiten an: entweder am Aufstiegsweg zurück oder mit Benützung der Seilbahn bis zur Mittelstation nahe Heiligwasser.
Oder man wandert über die Lanser Alm und ehemalige Igler Alm nach Heiligwasser und kehrt am Aufstiegsweg zurück zum Grünwalderhof.

Stichwortverzeichnis

Fa. Gießwein

A-6230 Brixlegg, Niederfeldweg 5-7

0043-5337-6135-220

Liesnhof, Navistal

Franz Halder